DESCRIPTION
ET
USAGES
DE LA
SPHERE ARMILLAIRE,

Suivant le ſyſtême de Ptolomée;

Pour joindre aux Élémens de Géographie.

DU fond de ſon cabinet, parcourir la ſurface de la Terre ; le compas à la main, en meſurer l'étendue, connoître les mœurs des différentes nations qui l'habite, leurs différentes Religions, leurs vertus, leurs vices, & la forme de leurs Gouvernemens, ce ſont les avantages que nous offre la Géographie.

Cette Science, en quelque ſorte oubliée ou releguée dans les cabinets des ſavans, a reparu enfin dans ce fiecle lumineux où les Sciences & les Arts ſe perfectionnent de plus en plus. D'habiles Géographes nous en ont donné des traités fort étendus, mais qui ſont plus faits pour ceux qui ſavent, que pour des jeunes gens qui ne ſavent pas.

On fait entrer aujourd'hui la Géographie dans le plan de l'éducation de la jeuneſſe. Depuis long-temps j'enſeigne cette Science dans quelques Maiſons Religieuſes d'Alençon, j'ai d'abord ſuivi les Méthodes indiquées par les Maîtres de l'Art; elles ne m'ont pas réuſſi : il faut une très-grande mémoire, il eſt rare de la trouver; & ceux qui en ſont pourvus apprennent encore pour le moment; mais qu'on les faſſe répéter huit jours après, ils n'en ſavent plus rien. J'en ai vu à qui quelques-uns avoient enſeigné la Géographie par ces Méthodes, & qui, ſix mois après, ne pouvoient pas répondre à la moindre queſtion. On leur fatigue la mémoire & l'attention, en leur faiſant apprendre & écrire de longs cahiers : tout cela n'eſt bon qu'à leur donner du dégoût; & d'ailleurs de jeunes Demoiſelles qui ſont au Couvent pour un ou deux ans, & qui ont bien d'autres Maîtres, peuvent-elles apprendre avec quelque fruit une Science où il faudroit employer plus de temps ?

J'ai donc cru qu'en leur donnant ſeulement les élémens, je les mettrois en état d'étudier chez elles des Géographies plus étendues, telle eſt entr'autres celle de M. l'Abbé *de la Croix*.

Lorſqu'elles ſauront bien leurs élémens, & qu'elles connoîtront les quatre parties du Monde ſur les Cartes, il ne leur ſera plus difficile d'entendre le reſte de la Géographie.

Sans la Géographie on ne peut bien entendre l'Hiſtoire ; c'eſt elle qui nous tranſporte ſur les lieux où ſe ſont paſſés les événemens mémorables que nous y liſons : nous ſuivons les Armées, nous connoiſſons leurs marches, leurs campemens, les Villes que l'on aſſiége, & les lieux où ſe donnent les batailles.

Il eſt donc d'une utilité indiſpenſable de ſavoir cette Science, ſi l'on veut faire quelques progrès dans les autres.

DE LA SPHERE.

Comme les Géographes ont été obligés de placer ſur les cartes pluſieurs cercles qui appartiennent à la Sphere, il eſt abſolument néceſſaire d'avoir une connoiſſance de cette machine, pour bien apprendre la Géographie.

Les Géometres entendent par le terme de Sphere un corps rond, terminé par une ſurface dont tous les points ſont également éloignés du centre de la Sphere ; la Sphere priſe en ce ſens eſt la même choſe qu'un globe, mais on ſe ſert ici du terme de Sphere, pour ſignifier un inſtrument compoſé de cercles, avec un axe qui le traverſe, au milieu duquel eſt petit globe qui repréſente la terre.

Les cercles de la Sphere ont été inventés pour repréſenter le mouvement des aſtres & ſur-tout du Soleil & de la Lune, ſuivant le ſentiment de Ptolomée, ancien Aſtronome, qui croyoit que tous les aſtres tournoient tous les jours d'orient en occident ; c'eſt pourquoi on a donné le nom de Sphere de Ptolomée, à cet aſſemblage de cercles.

Ces cercles ſont au nombre de dix, dont ſix grands & quatre petits ; les ſix grands ſont l'Horizon, le Méridien, l'Équateur, le Zodiaque & les deux Colures, dont l'un ſert à marquer le temps des équinoxes, & l'autre celui des ſolſtices. Les quatre petits cercles ſont, les deux Tropiques, celui du cancer & celui du capricorne, tous les deux paralleles à l'équateur ; ils en ſont éloignés de 23 degrés & demi : reſte encore les deux cercles nommés polaires, caractériſés en cercle du pole arctique, & cercle du pole antarctique ; ſelon leur proximité de ces deux poles : l'un eſt appellé cercle du pole arctique ; & l'autre, cercle du pole antarctique : leur diſtance de chaque pole particulier eſt de 23 degrés & demi.

De l'Horizon.

L'horizon eſt un grand cercle qui diviſe la Sphere ou le monde en deux parties égales, dont l'une eſt expoſée à nos yeux, & l'autre cachée par rapport à nous : le premier eſt appellé hémiſphere ſupérieur, le dernier hémiſphere inférieur ; enfin l'horizon eſt un cercle que l'on conçoit, dont le plan ſépare le Monde en deux parties.

Il y a deux ſortes d'horizons ; ſavoir, l'horizon rationnel, & l'horizon ſenſible.

L'horizon rationnel eſt celui que nous imaginons paſſer par le centre de la terre, & qui eſt prolongé juſqu'au ciel.

L'horizon ſenſible eſt celui que notre œil décrit par ſes rayons viſuels dans l'endroit où il nous ſemble que la terre ou la mer que nous voyons touche le ciel.

La rondeur de la terre empêche notre œil de décrire cet horizon dans une plaine, à une distance qui surpasse une lieue de France; mais si nous montons sur quelque hauteur, notre œil, étant pour lors plus élevé sur l'horizon, découvrira de plus loin; ou bien, restant dans sa situation, il verra les objets qui sont élevés sur l'horizon, comme les clochers & les tours, quoiqu'ils soient plus éloignés.

L'horizon a deux poles, dont celui qui est sur nos têtes, est appellé Zénith, & celui qui est sous nos pieds, Nadir.

L'horizon sert à déterminer le lever & le coucher des Astres, quand, par exemple, le soleil monte sur l'horizon, on dit qu'il se leve, & qu'il se couche quand il descend au dessous.

Du Méridien.

Le Méridien est un grand cercle qui passe par les poles du Monde, & qui divise la Sphere en deux parties égales, dont l'une est appellée orientale, & l'autre occidentale. On a inventé le Méridien pour fixer le milieu de la course des Astres sur l'horizon; ce cercle se nomme Méridien, parce que quand le soleil y est parvenu, il est midi pour tous ceux qui sont sous le demi-Méridien, & minuit pour ceux qui sont sous le demi-Méridien oppo é.

Les poles du Méridien se nomment l'orient & l'occident vrai, c'est-à-dire, les points dans lesquels le soleil se leve & se couche dans le temps des équinoxes, qui arrivent quand le jour est égal à la nuit : or le jour est tel, quand le ſoleil, par ſon mouvement diurne ou journalier, parcourt le cercle équinoxial ou l'Equateur.

Les poles du Méridien ſe trouvent dans l'horizon, l'un à l'orient, & l'autre à l'occident ; il y a deux autres points remarquables dans l'horizon, qui ſont déterminés par le Méridien ; ce ſont ceux dans leſquels ces cercles ſe coupent ; celui qui eſt du côté du pole ſeptentrional s'appelle le nord ou le ſeptentrional ; l'autre, le ſud ou le midi : voilà donc quatre points remarquables ſur l'horizon ; ſavoir, l'orient & l'occident vrai, le nord & le ſud : on les nomme les quatre points cardinaux.

De l'Équateur.

L'Equateur ou l'Equinoxial eſt un grand cercle qui a les mêmes poles & le même axe que la Sphére ; il la diviſe en deux hémiſpheres, dont l'un eſt nommé ſeptentrional ou boréal, ou nord; & l'autre méridional, ou auſtral, ou ſud, à cauſe qu'il renferme les poles du même nom. On appelle ce cercle Equateur, parce que lorſque le ſoleil paroît ſe mouvoir ſur ce cercle, le jour eſt égal à la nuit par-tout où le ſoleil ſe leve & ſe couche, ce qui arrive deux fois l'année, l'une vers le 21 de Mars, & l'autre le 23 de Septembre, qui ſont les deux équinoxes. Les deux points où l'Equateur coupe l'horizon s'appellent l'Eſt & l'Oueſt, ou l'orient & l'occident vrai. Le jour des équinoxes le ſoleil ſe leve & ſe couche aux points où l'Equateur coupe l'horizon : on appelle encore ce cercle la ligne équinoxiale, parce qu'elle eſt tracée dans les cartes de Géographie, & dans les Mappemondes, comme une ligne droite.

On conçoit tous les cercles de la Sphere divisés en trois cens soixante parties, que l'on appelle degrés, le degré en soixante minutes, & la minute en soixante secondes.

Du Zodiaque.

Le Zodiaque est un grand cercle qui coupe obliquement l'équateur, en sorte que ces deux cercles font un angle de vingt-trois degrés vingt-huit minutes environ. La largeur de ce cercle, suivant la plupart des Astronomes, est de seize degrés; or cette largeur est coupée en deux parties égales par l'écliptique, qui fait avec l'équateur le même angle que le zodiaque.

L'écliptique étant obliquement posé sur l'équateur, s'en éloigne de chaque côté de vingt-trois degrés vingt-huit minutes ou environ, & va toucher du côté du midi le Tropique du Capricorne ou Tropique d'hiver; & de l'autre côté opposé, il touche un autre cercle qui est le Tropique de l'Ecrevisse ou le Cancer, c'est le Tropique d'Eté; celui-ci est le cercle que le soleil décrit dans les plus longs jours de l'été; & l'autre Tropique est celui qu'il décrit dans les jours les plus courts de l'hiver.

Enfin l'Ecliptique représente la trace que fait le soleil pendant l'année entiere, & de laquelle il ne s'écarte jamais; mais les autres planettes s'en éloignent tantôt vers un pole, & tantôt vers l'autre, les unes plus, les autres moins; c'est pour cela que les Astronomes ont inventé le Zodiaque auquel ils ont donné une largeur assez considérable pour qu'elle contint les orbes que décrivent les planettes; ainsi le Zodiaque est une bande circulaire plutôt qu'un cercle.

On a coutume de partager le Zodiaque en douze parties égales qu'on appelle Signes, dont il suit que chaque Signe contient trente degrés. Voici les noms & la figure des douze Signes : il y en a six vers le nord, & six vers le midi.

Les six du nord sont :

Le Belier. ♈
Le Taureau. ♉
Les Gemeaux. ♊
L'Ecrevisse. ♋
Le Lion. ♌
La Vierge. ♍

Les six Méridionaux sont :

La Balance. ♎
Le Scorpion. ♏
Le Sagittaire. ♐
Le Capricorne. ♑
Le verseau. ♒
Les Poissons. ♓

Il y a six Signes que l'on appelle Ascendans, & six autres que l'on nomme Descendans. Les Ascendans sont ceux que le Soleil parcourt lorsqu'ils montent, c'est-à-dire, lorsqu'ils s'approchent de plus en plus de notre zénith à midi : ce sont le Capricorne, le Verseau, les Poissons, le Bélier, le Taureau & les Gemeaux. Les six autres sont appellés Descendans, parce que le Soleil les parcourt, lorsqu'il descend vers le tropique d'hiver ; ce sont l'Ecrevisse, le Lion, la Vierge, la Balance, le Scorpion & le Sagittaire.

Ces douze Signes sont divisés en quatre parties, par quatre points du Zodiaque où est l'Ecliptique, dont deux sont appellés Equinoxiaux, & les

les deux autres Solstitiaux : on appelle ces deux derniers points de ce nom, parce que quand le Soleil est à l'un ou à l'autre de ces points, il paroît s'arrêter, c'est-à-dire, qu'il ne s'éloigne ni ne s'approche sensiblement de l'Equateur pendant plusieurs jours : ces quatre points séparent les Signes d'une saison, de ceux de l'autre.

Des Colures.

Les Colures sont deux grands cercles qui se coupent perpendiculairement au pole de la Sphere, & qui passent par les quatre points cardinaux du zodiaque. Celui qui coupe l'équateur dens le premier degré du Belier d'un côté, & dans la Balance de l'autre côté, est appellé le colure des équinoxes, parce que ces points sont ceux du Printems & de l'Automne ; l'on appelle Colures des solstices, celui qui coupe le Zodiaque dans le premier degré de l'Ecreviſſe & du Belier, qui sont les points de l'Eté & de l'Hiver, que l'on appelle les solstices ; on les a nommés ainsi, parce que le Soleil semble s'arrêter lorsqu'il y est parvenu, les jours ne décroissant pas pour lors sensiblement.

Ces cercles servent à nous faire remarquer les quatre saisons de l'année ; & de plus ils servent dans la Sphere Armillaire à soutenir les autres cercles dans leurs entaillures ; ils sont de véritables Méridiens.

Des Tropiques & des Cercles polaires.

Les deux Tropiques sont des cercles paralleles à l'Equateur dont ils sont éloignés de vingt-trois degrés trente minutes ; ces cercles touchent le zodiaque au premier degré de l'Ecreviſſe & du Capricorne dont ils retiennent le nom ; car ces cercles ſont ceux que le ſoleil décrit aux ſolſtices par ſon mouvement journalier.

Des Cercles Polaires.

Les Polaires ſont deux petits cercles paralleles à l'équateur, qui ſont éloignés du pole de vingt-trois degrés vingt-huit minutes ; on conçoit qu'ils ſont décrits par les poles du Zodiaque, qu'on imagine tourner autour de l'axe & des poles du monde ; l'un eſt appellé Polaire Arctique, parce qu'il eſt auprès du pole du même nom, & l'autre Antarctique par une raiſon ſemblable.

On attache deux quarts de cercle par une de leurs extrêmités à un pivot placé au pole de l'écliptique & du zodiaque. Un de ces quarts de cercle eſt plus éloigné du centre de la Sphere que l'autre. On met à l'extrêmité du grand quart de cercle un morceau de carton rond, pour repréſenter le Soleil, & à celle du petit quart de cercle un autre morceau de carton rond, pour repréſenter la Lune : l'un & l'autre ſe meuvent dans le plan de l'écliptique, & ſervent à démontrer les éclipſes.

Il réſulte de ce que nous avons dit de la Sphere, qu'elle renferme douze points principaux que l'on peut compter deux à deux : ſavoir, les deux poles du monde, le Zénith & le Nadir ; les deux points équinoxiaux, les deux points ſolſticiaux, le nord & le midi, l'orient & l'occident.

Les quatre premiers ſur le méridien du lieu, les quatre ſuivans ſe trouvent ſur l'écliptique & les quatre derniers ſur l'horizon.

Des positions de la Sphere.

Il y a trois positions de la Sphere ; savoir, la Sphere droite, la Sphere oblique, & la Sphere parallele.

La Sphere droite est celle dans laquelle l'équateur coupe l'horizon à angle droit, & par conséquent tous les paralleles à l'équateur, sont perpendiculaires à l'horizon. Les peuples qui sont sous la ligne équinoxiale, ou dont le zénith répond à l'équateur céleste, ont la Sphere droite, ils ont conséquemment un équinoxe perpétuel chaque jour de l'année : le soleil est autant de temps sur leur horizon que dessous ; les jours sont chez eux égaux aux nuits pendant toute l'année : le soleil passe deux fois l'an par dessus leurs têtes aux temps des équinoxes, le 21 Mars, & le 23 Septembre : on pourroit dire qu'ils ont deux étés pendant les équinoxes, que le soleil décrit l'équateur, l'ombre d'un corps perpendiculaire est porté le matin directement vers le couchant, & après midi directement vers le levant : à midi les corps ne font point d'ombre, il n'y a aucune partie du ciel qui ne leur soit visible ; ils voient successivement toutes les étoiles.

La Sphere oblique est celle dans laquelle l'équateur coupe obliquement l'horizon : telle est la position de la Sphere, par rapport à tous les habitans de la terre, excepté ceux qui sont sous l'équateur ; c'est pourquoi les pays où la Sphere est oblique ont pendant toute l'année des jours plus longs ou plus courts que les nuits qui les suivent, si on en excepte les jours des équinoxes, auxquels le soleil décrit l'équateur par son mouvement diurne, car alors les jours ſont égaux aux nuits par toute la terre.

La Sphere parallele eſt celle dans laquelle l'équateur eſt parallele à l'horizon : comme l'équateur & l'horizon ſont alors confondus l'un avec l'autre, l'équateur coupe l'écliptique en deux parties égales, l'une ſupérieure & viſible, & l'autre inférieure & inviſible : le ſoleil eſt ſix mois ſur l'horizon, & ſix mois deſſous ; en ſorte que ſi nous ſuppoſons des hommes ſous les poles, ils n'ont qu'un ſeul jour & une ſeule nuit dans toute l'annee, l'un & l'autre de ſix mois, le ſoleil & tous les aſtres qu'ils voient tourner autour d'eux en vingt-quatre heures parallelement à l'horizon; mais ils ne voient que la moitié des aſtres, leur orbe tourne autour d'eux en vingt-quatre heures.

Uſages de la Sphere Armillaire.

Premier uſage.

Diſpoſez la Sphere ſuivant la latitude ou l'élévation du pole d'un lieu quelconque.

Elevez le pole ſur l'horizon de la Sphere, juſqu'à ce que le nombre des degrés interceptés entre le pole & l'horizon ſoit égal à celui de l'élévation du pole, la Sphere eſt diſpoſée comme il convient.

Second uſage.

Trouver le lieu du ſoleil dans l'écliptique à un jour donné, & le jour qui répond à ce lieu lorſque celui-ci eſt connu.

1° Cherchez ſur le bord de l'horizon dans le

cercle contenant les douze mois de l'année le jour où l'on veut trouver le lieu du soleil.

2° Remarquez sur le cercle des douze signes du zodiaque qui est aussi tracé sur l'horizon, le degré qui répond à ce jour est celui du lieu du soleil.

On trouve que le 21 de Mars le soleil est dans le premier degré vingt-cinq minutes du bélier, ce qui satisfait à la premiere partie de cet usage.

Pour la seconde, c'est-à-dire pour trouver le jour qui répond à ce lieu, elle est l'inverse de l'autre : on cherche le lieu du soleil dans l'écliptique, & on le rapporte sur l'horizon.

Troisiéme usage.

Trouver la longueur du jour & de la nuit, connoissant l'élévation du pole de l'endroit où l'on est, & le lieu du soleil pour la longueur du jour.

1° Cherchez le temps où le soleil se leve.

2° Le style horaire étant sur cette heure, cherchez, par l'usage précédent, l'heure de son coucher, ou faites tourner tout simplement la Sphere jusqu'à ce que le lieu du soleil soit sous l'horizon. Les heures qu'aura parcouru le style horaire dans cette révolution, seront celles de la durée du jour.

Lorsque le soleil est dans le onzieme degré des gémeaux, le premier de Juin, la durée du jour à Alençon, est d'environ 16 heures, & dans tous les lieux qui ont la même hauteur du pole.

On a la durée de la nuit, en faisant achever à la Sphere sa révolution, ou en soustrayant les heures du jour de vingt-quatre, de sorte que si l'on ôte ſeize de vingt-quatre, reſtera huit, la durée de la nuit ſera donc de huit heures.

Quatrième uſage.

L'heure du lever du ſoleil, ou celle de ſon coucher étant donnée en quelque lieu, trouver la latitude de ce lieu.

1° Mettez ſous le méridien le lieu du ſoleil & le Style horaire ſur midi.

2° Tournez la Sphere du côté de l'orient, juſqu'à ce que le Style ſoit ſur l'heure donnée.

3° Elevez ou baiſſez le pole de la Sphere juſqu'à ce que le degré du lieu du ſoleil ſoit dans l'horizon, ſans déranger ni la ſituation de la Sphere, ni celle du Style horaire ſur l'heure donnée.

Les degrés compris alors entre le pole & l'horizon, ſont ceux de l'élévation du pole de l'endroit.

Il y a bien d'autres uſages de la Sphere, mais qui appartiennent plus à l'Aſtronomie qu'à la Géographie, ainſi nous nous bornerons à ce petit nombre.

Deſcription & uſages du Globe terreſtre.

Le Globe terreſtre eſt une Sphere formée de carton, ou de laiton, ſur laquelle ſont tracés pluſieurs cercles de la Sphere Armillaire dont on ſe ſert pour diviſer la terre; ces cercles ſont, l'Equateur, l'Ecliptique, les deux Tropiques, & les deux Polaires.

l'Equateur terreſtre eſt un cercle que l'on conçoit décrit ſur la ſurface de la terre, lequel répond à l'équateur du ciel, ainſi il diviſe la terre en deux parties égales, dont l'une eſt nommée ſeptentrionale & l'autre méridionale.

Les méridiens terreſtres ſont des cercles que l'on imagine ſur la ſurface de la terre, qui répondent à ceux du ciel; il ſuit delà que ces cercles paſſent par les deux poles de la terre, & qu'ils coupent par conſéquent l'équateur à angle droit.

Dans preſque toutes les cartes de Géographie, ces méridiens ſont des lignes tirées de haut en bas, & qui vont en s'approchant, l'une de l'autre, par une de leurs extrêmités, ou par toutes les deux, dans une Mappemonde ou dans un Globe.

Les tropiques terreſtres ſont deux petits cercles que l'on conçoit, ſitués ſur la terre, répondans à ceux du ciel, du même nom. Ces deux cercles partagent la ſuperficie de la terre en cinq zones, dont celle du milieu eſt nommée torride, les deux qui la terminent de part & d'autre ſont tempérées.

Les zones tempérées ſont celles contenues entre un tropique & un cercle polaire, qui ſont l'une & l'autre vers le même pole de la terre, une de ces zones ſe nomme ſeptentrionale, & l'autre méridionale; la premiere eſt terminée par le tropique du Cancer & le cercle polaire arctique.

Les zones froides ſont celles dont chacune eſt compriſe entre un cercle polaire & le pole du même nom: l'une eſt appellée Septentrionale & l'autre Méridionale, ces deux dernieres zones ont chacune la forme d'une calote, au milieu de laquelle eſt ſitué un des poles de la terre: la largeur de la zone froide eſt d'environ quarante-ſix degrés cinquante-ſept minutes, parce que chaque tropique eſt éloigné de l'équateur d'un peu plus de 23 degrés 28 minutes; chaque zone tempérée eſt de 43 degrés trois minutes; enfin chaque zone froide, de vingt-trois degrés vingt-huit minutes, un peu plus, en comptant depuis un cercle, jusqu'au pole qui y est renfermé.

On marque sur la surface du globe, les Villes, les Montagnes, le contour des Royaumes, des Empires, & même des Provinces; les principaux Fleuves & les Mers, suivant leurs longitudes & leurs latitudes. Les longitudes sont les cercles que nous avons appellés les méridiens terrestres, qui passent par les deux poles. Les latitudes sont des cercles paralleles à l'équateur. La latitude d'un lieu, par exemple, d'une ville, est la distance de cette ville à l'équateur de la terre, ou, ce qui revient au même, c'est l'arc compris entre cette ville; ainsi la latitude d'Alençon est l'arc du méridien compris entre l'équateur & Alençon, & cet arc est de quarante-huit degrés vingt-cinq minutes.

La latitude est septentrionale ou méridionale; la premiere située depuis l'équateur jusqu'au pole boréal, l'autre depuis le même cercle jusqu'au pole austral; il suit dela que ni l'une ni l'autre ne peut avoir plus de quatre-vingt-dix degrés, parce que l'arc du méridien, placé entre l'équateur & le pole n'est qu'un quart de cercle.

La longitude d'un lieu est la distance de ce lieu au premier méridien; cet arc est semblable à celui de l'équateur, qui est entre le premier méridien & le méridien du lieu; les degrés de longitude se comptent depuis le premier méridien, en avançant vers l'orient; en sorte que si une ville étoit à l'occident du premier méridien, & proche de ce cercle, elle auroit près de trois cens soixante degrés de longitude; au lieu qu'elle ne peut avoir plus de quatre-vingt-dix degrés de latitude. Plusieurs villes peuvent avoir la même latitude, cela arrive quand

quand elles ſont ſur le même cercle parallele à l'equateur; de même tous les lieux qui répondent au même méridien, ont la même longitude.

Le premier méridien fut fixé par une Ordonnance de Louis XIII, à celui qui paſſe par l'iſle de fer, la plus occidentale des Canaries.

Dans les Cartes de Géographie, les degrés de latitude ſont à droite & à gauche, & les degrés de longitude ſont en haut & en bas : les premiers ſe prennent ſur les méridiens, & les autres ſur l'équateur.

A la Sphere & au globe eſt attaché ſur le méridien au pole arctique un cercle horaire qui ſert à différens uſages, comme nous avons dit, aux uſages de la Sphere : ce cercle eſt diviſé en vingt-quatre heures; le chiffre XII qui eſt au bas marque midi, & celui qui eſt en haut marque minuit. Depuis midi juſqu'à minuit, les heures ſe comptent ſur le demi cercle qui eſt vers l'orient; depuis minuit juſqu'a midi, elles ſe comptent ſur le demi cercle qui eſt vers l'occident. L'aiguille de ce cercle horaire eſt attachée à l'axe du globe, & ne tourne point qu'elle ne ſuive ſon mouvement.

Le globe de la terre eſt environné de trois régions que l'on nomme athmoſpheres; la premiere région eſt celle qui eſt la plus proche de la terre; elle eſt chargée de vapeurs & d'exhalaiſons qui en ſortent, même de l'eau & des animaux par tranſpiration; ces vapeurs & ces exhalaiſons s'élevent juſqu'à la deuxieme région où elles s'arrêtent & forment la pluie, la grêle, les éclairs, le tonnerre &c. La troiſieme région eſt compoſée d'un air extrêmement pur, qui n'eſt pas propre à la reſpiration.

Usages du Globe terrestre.

Premier usage.

Trouver la longitude & la latitude d'un lieu, les périéciens, les antéciens & antipodes de ce lieu.

1° Amenez le lieu sous le méridien, l'arc compris entre ce lieu & l'équateur sera sa latitude; l'arc de l'équateur compris entre le premier méridien & le méridien du globe, actuellement le méridien du lieu sera sa longitude; cet arc se compte sur l'équateur.

2° Comptez de l'autre côté de l'équateur, par rapport au lieu, autant de degrés sur le méridien, qu'on en a compté pour sa latitude, le point où se termine ce nombre répondra au lieu des antéciens.

3° Pour les périéciens, le lieu donné étant toujours sous le méridien, remarquez le lieu qui est sous le méridien à l'endroit du zénith, c'est-à-dire, qui a la même latitude qu'Alençon ou Paris de l'autre côté du pole, c'est celui des périéciens.

4° On trouve les antipodes, en comptant sur le méridien, de l'autre côté de l'équateur, le même nombre de degrés qu'on en compte pour la latitude du lieu; de façon que si l'on met le lieu dans l'horizon, le point qui se trouvera de l'autre côté du méridien dans l'horizon, sera les antipodes du lieu.

Deuxieme usage.

L'heure étant donnée en un lieu, trouver celle qu'il est en un autre lieu quelconque proposé.

Posez le lieu sous le méridien, par exemple, Alençon, & le style horaire sur midi, amenez Jérusalem sous le méridien, il sera deux heures & demie à Jérusalem, quand il sera midi à Alençon, ayant attention de tourner le globe du côté de l'occident, ſi le lieu eſt oriental, & de l'orient, s'il eſt occidental.

Troiſieme uſage.

Trouver l'heure du lever & du coucher du ſoleil. 1° Amenez le lieu du ſoleil ſous le méridien, & le ſtyle du cercle horaire ſur midi, tournez le globe vers l'occident, le lieu du ſoleil étant ſous l'horizon, le ſtyle marquera l'heure du coucher du ſoleil. 2° Faites faire le tour au globe, le lieu du ſoleil ſe trouvant ſous l'horizon à l'orient, le ſtyle marquera l'heure du lever du ſoleil.

Des Climats.

On appelle Climat un eſpace de la terre compris entre deux paralleles, à la fin duquel le plus grand jour de l'année eſt plus long d'une demie heure, ou d'un mois que dans ſon commencement.

Il eſt à remarquer que les peuples qui ſont ſous l'équateur ont les jours de douze heures pendant toute l'année, & les nuits d'autant; mais que plus on approche des poles, plus les jours deviennent grands en été, & plus les nuits ſont longues en hiver. Ceux qui ſont ſous les cercles polaires ont un jour de vingt-quatre heures en été; & ceux qui ſont ſous les poles ont ſix mois de jour & ſix mois de nuit ſucceſſivement. Le jour ſe prend ici pour le temps que le ſoleil eſt ſur l'horizon, ſans y compredre le crépuſcule.

La différence du plus grand jour ſous l'équateur, & du plus grand jour ſous un cercle polaire, eſt de douze heures; il s'enſuit que l'eſpace qu'il y a depuis l'équateur juſqu'à chaque cercle polaire, doit être divisé par les paralleles en douze ou vingt-quatre parties ou climats, en vingt-quatre parties pour les demies heures, ou en douze pour les heures, pour que les plus grands jours soient plus longs d'une demie heure à la fin de chacun, qu'ils ne sont à son commencement. Il y a donc deux sortes de climats, qui sont les climats de mois. On en compte soixante en tout, trente depuis l'équateur jusqu'à chaque pole; savoir vingt-quatre climats d'heure, & six de mois.

On commence à compter les climats d'heure à l'équateur, & les climats de mois au cercle polaire.

Les intervalles des climats ne sont pas égaux. les climats d'heure vont toujours en diminuant depuis l'équateur jusqu'aux cercles polaires, & les climats de mois augmentent à mesure que l'on approche des poles.

Les peuples qui sont dans le même climat ont les saisons semblables, & les jours égaux dans le même temps.

Vu & permis d'imprimer. A Alençon ce 27 Avril 1784. COURTILLOLES.

Ex dono autoris jean Baptiste le queu peintre maitre de dessin et de geographie a alençon sa patrie

ÉLÉMENS
DE
GÉOGRAPHIE,

Suivant les meilleurs Géographes ;

Dédiés aux jeunes Pensionnaires des Maisons Religieuses.

PAR L* Q* D**** G****

a alençon chez louis Malassis imprimeur du roy

M. DCC. LXXXII.

ÉLÉMENS DE GÉOGRAPHIE,

Suivant les meilleurs Géographes ;

Dédiés aux jeunes Penſionnaires des Maiſons Religieuſes.

PAR L* Q* D**** G****.

LA Géographie eſt une partie de la Coſmographie ; la Coſmographie eſt la ſcience qui embraſſe la connoiſſance de l'Univers en général, & qui recherche & fournit pluſieurs manieres de la décrire & repréſenter, ſelon les divers ſentimens des Philoſophes & des Mathématiciens : en particulier, ce qu'on appelle Géographie, parce qu'elle repréſente en détail chaque partie du Monde, & particuliérement la Terre, tant par les Globes que par les Planiſpheres & Mappemonde.

La Géographie embraſſe donc la connoiſſance de toute la ſurface du Globe terreſte, & fixe la diſtance de chacune de ſes parties. On donne le nom de Globe à cette maſſe compoſée de terre & d'eau, que nous habitons, parce qu'elle eſt ronde, ou preſque ronde, à qui quelques-uns ont donné 9000 lieues en circonférence, & d'autres 10080 lieues pariſiennes, 3210 lieues de diametre ; & trois cens vingt-trois millions cinquante-six mille huit cens lieues quarrées pour sa surface.

Il est plusieurs noms dont la connoissance est indispensable pour l'intelligence de cette science, tels sont : Continens, Caps, Détroits, Isthmes, Isles, Golphes, Baies, Anses, Presqu'isles, Montagnes, Volcans, Landes, Dunes, Falaises, Mers, Ports, Fleuves, Rivieres, Lacs, Canaux, &c.

Le grand Continent ou Terre ferme, contient les trois anciennes parties du Monde, savoir ; l'Europe, l'Asie & l'Afrique, qui se tiennent l'une & l'autre, & dans lesquelles ont peut aller sans passer la mer. Un Cap ou Promontoire, est une langue de terre qui avance dans la mer, & s'éleve comme une montagne, autrement elle prend le nom de pointe. Les Isthmes, sont des espaces de terre resserrées entre deux mers, qui joignent deux autres grandes parties de terre comme est l'Isthme d'Or ou de Précop, qui joint la Crimée à la petite Tartarie.

L'Isle est une portion de terre qui est entiérement environnée d'eau.

La presqu'isle est une langue de terre qui avance fort avant dans la mer, & qui communique à la terre par quelqu'endroit ; on l'appelle aussi Péninsule.

Les Anciens nommoient presqu'isles, Chersonèse.

Les Montagnes sont de petites parties de la terre, plus élevées que la superficie, comme le mont Atlas en Afrique, le mont Taurus en Asie, & les Alpes en Europe.

Les Montagnes isolées reçoivent des noms particuliers, comme celui de Pic ; on dit le Pic de Ténérif dans les Canaries ; le Pic du Midi dans les Pyrénées ; le Pic d'Adam dans l'isle de Ceilan, &c. Il y a des Montagnes qui ont jusqu'à une lieue &

demie de hauteur perpendiculaire. Montagne ou Mont, sont des mots synonymes ; cependant celui de Mont semble affecté aux Montagnes fameuses ou remarquables par quelqu'endroit : on dit le Mont Etha, le Mont Caucase, le Mont Saint-Michel, le Mont Jural, le Mont-Cenis, le Mont-Atlas, le Mont Saint-Gothard, le Mont Vesuve.

Un Volcan est une Montagne qui renferme dans son sein des mines de soufre & de bitume, des matieres métalliques & salines, & autres principes d'effervescence & de raréfaction, vomit par intervalle des tourbillons de fumée, de cendre & de flammes ; telles sont le Vesuve au Royaume de Naples & le Mont-Gibel, en Sicile, &c.

On donne le nom de Lande à des terres stériles, & ordinairement couvertes de bruyeres.

Si les bords de la mer sont formés par des petites éminences de sable, on les appelles Dune, ils se nomment Falaises, s'ils sont formés par des rochers hauts & escarpés.

On appelle Régions, une partie notable d'un Continent ; telle est la France, l'Espagne, &c. &c.

Division & définition hydrographique.

L'eau se divise en Mers, Lacs, Rivieres & Fleuves, la Mer qui environne l'ancien Continent, c'est-à-dire, l'Europe, l'Asie & l'Afrique, est nommée Océan, & celle qui environne le nouveau Continent, c'est-à-dire, l'Amérique, retient le nom de Mer.

Dans toutes les Mers, on distingue plusieurs choses, tels que les Détroits, les Golphes, les Baies, les Ances, Archipels, Havres, Rades & Plages. Les Détroits sont des parties de la Mer resserrées entre deux terres voisines & fort proches l'une de l'autre.

Tel est le détroit de Gibraltar, qui est sur les côtes de l'Espagne, & qui sépare l'Europe de l'Afrique, & par lequel l'Océan communique à la Méditerranée; & celui de Babelmandel, qui communique à la mer Rouge.

On emploie assez souvent en Géographie au lieu de Détroits, les mots de Manche, Canal, Pas, Pertuis, Bras, Phare, Bosphore, c'est-à-dire, trajet de mer qu'un bœuf peut passer à la nage, & Euripe.

On dit le Bosphore de Thrace ou Constantinople, le Phare de Messine, le Canal de Mozanbique, le Pas de Calais, le Pertuis d'Antioche, qui est entre l'isle de Rhé & d'Oléron, le Bras de Saint-Georges, aujourd'hui le détroit des Dardanelles. Le nom d'Euripe est donné au détroit qui sépare la Grece de l'isle de Négrepont, enfin le nom de Manche est affecté au détroit qui sépare la France de l'Angleterre.

Les Golphes sont de grandes espaces de mer qui s'enfoncent fort avant dans les terres, tels que les Golphes de Bothnie, de Finlande & de Venise, &c.

La Baie ne differe du Golphe qu'en ce qu'elle est est de moindre étendue, qu'elle est plus étroite à l'entrée qu'au dedans, & qu'elle est tellement disposée, que les Vaisseaux y sont à l'abri de certains vents.

Un Anse n'est autre chose qu'un Golphe, mais plus petit encore que la Baie; Archipel, est une mer parsemée d'isles; un Havre & un Port ont à peu près la même signification. Une Rade est une espace de mer peu éloignée des Côtes, où des Vaisseaux peuvent mouiller & demeurer à l'abri de certains vents. Une Plage est une mer basse, vers un rivage plus étendu en ligne droite, où les Vaisseaux ne peuvent se mettre à l'abri.

On entend par Flux & Reflux, lorsque la mer semble se gonfler de maniere à s'epancher sur les côtes basses, c'est le flux; & c'est le reflux, lorsqu'elle se retire &

s'abaisse le long des côtes : elle emploie environ six heures à descendre. Le flux & le reflux n'est pas sensible dans la Méditerranée. On appelle haut-fond dans la mer, des endroits où les eaux ont peu de profondeur.

Les Bancs de Sable sont dans la mer des amas de sable qui s'élevent vers la surface de l'eau où les Vaisseaux courent risque de s'engraver.

Les Lacunes sont des parties de mer joignant les terres qui ont peu de profondeur, & forment des especes de marais.

Les Rivieres sont des eaux qui ont peu de largeur, & qui coulent sur la terre depuis l'endroit de leurs sources jusqu'à la mer, ou dans quelque autre riviere. Les Fleuves sont des rivieres considérables qui conservent leur nom jusqu'à leur embouchure dans la mer; ainsi, à parler exactement, tout fleuve est riviere, mais toute riviere n'est pas fleuve.

L'Embouchure d'un fleuve est l'endroit où il termine son cours, & perd son nom en se jettant dans la mer ou dans un lac.

Un Confluent, est l'endroit où une riviere se joint à une autre; un Torrent, est un courant d'eau fort rapide qui provient des pluies abondantes, ou de la fonte des neiges, qui laisse son lit à sec la plûpart du temps.

Un Goufre, est un endroit dans une riviere ou dans la mer où l'eau tournoie, engloutit tout ce qui se présente.

Un Canal est une riviere artificielle, c'est-à-dire, creusée & préparée de la main des hommes, pour établir une communication plus aisée & moins coûteuse, d'une Ville à l'autre.

Un Lac, est un grand espace d'eau environné de terre, & qui paroît quelquefois n'avoir aucune communication avec la mer.

Un Port est un endroit sur les bords de la mer où mouillent les Vaisseaux, où ils arrivent, & partent pour voyager sur la mer.

Termes généraux.

Il y a quatre points principaux à remarquer dans le Globe de la terre, savoir :

L'Orient, l'Occident, le Septentrion & le Midi.

L'Orient s'appelle encore l'Est ou le Levant ; l'Occident s'appelle l'Ouest ou le Couchant ; le Septentrion s'appelle Nord ; & le Midi, Sud.

L'Orient est l'endroit où le Soleil se leve, il est désigné ordinairement à la droite de celui qui regarde une Carte de Géographie, l'Occident est l'endroit opposée, & où le Soleil couche.

Les Poles sont deux points diamétralement opposés d'une Sphere, autour desquels celle-ci fait sa révolution.

Les degrés de longitude & de latitude sont des cercles qui se coupent à angle droit, & servent à désigner la position d'un lieu quelconque sur notre Globe; ceux de longitude se comptent d'Occident en Orient ; & ceux de latitude, de l'Equateur aux Poles : les premiers se comptent sur l'Equateur, les autres sur le Méridien : la latitude est septentrionale ou méridionale, suivant l'hémisphere où on la considere ; septentrionale en-deçà de la ligne, & méridionale au-delà.

Distance itinéraire.

Les distances itinéraires désignent une étendue plus ou moins grande, suivant les pays où elles sont en usage ; en Italie, on compte par mille, ainsi qu'en Allemagne & en Hongrie, le mille d'Italie vaut 1000 pas géométriques, celui d'Allemagne en vaut 4000, & en Hongrie 6000 ; le pas géométrique équivant à cinq pieds du Roi.

En France on compte par lieues; il y en a de trois sortes, qui sont la grande, la moyenne & la petite; la grande contient 3423 pas géométriques & trois pieds ou 2853 toises de Paris, & cette lieue est la lieue marine, c'est aussi celle qu'on entend par une heure de chemin : la moyenne est de 2739 pas géométriques, ou 2282 toises & trois pieds : la petite de 2400 pas géométriques.

Division générale de la Terre.

Toute la superficie de la Terre se peut distinguer de deux manieres, savoir, ce qui est connu & ce qui est inconnu; ce qui est connu, est généralement divisé en quatre parties, savoir, l'Europe, l'Asie, l'Afrique & l'Amérique.

Ces quatre parties forment deux grands Continens & plusieurs isles; chacune se distingue en Régions, Péninsules, Isthmes, Caps & Montagnes.

Ce qui est inconnu, est divisé en terre Arctique ou Septentrionale, & en terre Antartique ou Méridionale, dont on ne connoît que les Côtes qui sont à l'extrémité de ces terres.

Le premier des deux plus grands Continens qui est le plus considérable contient l'Europe, l'Asie & l'Afrique.

Le second est celui que l'on appelle nouveau Monde, pour le distinguer de l'ancien, & l'Amérique, du nom d'un de ceux qui l'ont découvert.

Pour les isles, on les divise en plusieurs corps, par rapport aux Mers dans lesquelles elles se trouvent.

Division de l'Europe.

L'Europe est bornée au nord par la mer Glaciale;

à l'occident par l'Océan, ou mer Atlantique, au midi par la Méditerranée, & à l'orient par l'Asie, dont elle est séparée par l'Archipel & le Détroit Gallipoli, la mer de Marmara, le Détroit de Caffa, la mer de Zabache ou Palus Méotides, & par le Don; on estime sa plus grande longueur 1100 lieues, à compter du Nord-Cap en Norvege, jusqu'au Cap Matapan, en Morée. Sa plus grande largeur, 900 lieues, en la prenant depuis le Cap Saint-Vincent, en Portugal, jusqu'à Constantinople.

Il se trouve en Europe quatre sortes de Gouvernemens. Le Despotique, le Monarchique, l'Aristocratique & le Démocratique.

Le premier, est celui d'un Souverain qui a pouvoir de vie & de mort sur ses Sujets, & ne suit d'autre Loi que sa volonté; tel est le Gouvernement de l'Empire de Turquie, &c.

Le Gouvernement Monarchique est celui d'un Souverain qui commande seul dans un Etat, mais qui est conduit par les Loix que ses Prédécesseurs ont établies, comme en France, en Espagne, &c.

L'Aristocratique est celui où les Seigneurs & les principaux d'une République commandent, comme à Venise.

Enfin le Démocratique est celui qui dépend du peuple assemblé, ou de ceux qu'il a choisis pour agir en son nom, comme dans les Cantons Suisses. Il y a des Etats dans lesquels les trois dernieres sortes de Gouvernemens se trouvent réunis; tel est celui d'Angleterre. Le Gouvernement de Pologne est Monarchique & Aristocratique, & celui de Hollande ou des pays septentrionaux est Aristocratique & Démocratique.

Il y a en Europe douze Royaumes, trois Empires & huit Républiques.

Les douze Royaumes sont :

ROYAUMES.	RIVIERES.	CAPITAL.
La France, sur. . .	La Seine. . .	Paris.
L'Espagne, sur. . .	Le Tage. . .	Madrid.
Le Portugal, sur. . .	Le Tage. . .	Lisbonne.
Le Royaume de Naples, sur...	La Mer. . .	Naples.
La Sardaigne, sur. . .	La Mer. . .	Cagliari.
La Bohême, sur. . .	La Mulde. . .	Prague.
Les Isles Britaniques, sur. . .	La Tamise. . .	Londres.
La Pologne, sur. . .	La Vistule.	Varsovie.
La Pruse, sur. . .	L'Elbe. . .	Berlin.
La Hongrie, sur. . .	Le Danuble. . .	Bude.
Le Danemarck & la Norvege, s.	L'Océan. . .	Copenhague.
La Suede, sur. . .	La mer Baltique. . .	Stockholm.

Les trois Empires sont :

L'Allemagne, sur. . .	Le Danube. . .	Vienne.
La Russie, sur. . .	Le Golphe de Finlande.	S. Pétersbourg.
La Turquie, sur. . .	Le Bosph. de Thrace.	Constantinople.

Les huit Républiques sont :

Venise, sur. . .	La mer Adriatique.	Venise.
Gênes, sur. . .	Le Golfe du même nom.	Gênes.
Lucques, sur. . .	Le Golphe de Gênes. . .	Lucques.
Saint-Marin, sur. . .	La mer Adriatique. . .	Saint-Marin.
Raguse, dans la Dalmatie, sur.	La mer Adriatique. . .	Raguse.
La Holande, sur. . .	La mer de Zuiderzée. . .	Amsterdam.
La Suisse, sur. . .	Le Limar. . .	Zurich.
Genêve, sur. . .	Le Lac de Genêve. . .	Genêve.

A cette division de l'Europe, on joint encore les Etats suivans :

L'Italie, possédée par différens Princes & par le Pape; les Pays-Bas Autrichiens sur l'Escaut, Bruxelles ; la Savoie, sur l'Isere, Chambery ; Rome, sur le Tibre, est Capitale de l'Italie.

Dans l'Océan.

Les Isles de l'Europe.

L'Angleterre & l'Ecosse. . . .	Londres & Edimbourg.
L'Irlande.	Dublin.
L'Islande.	Skalhot.
Gersey.	Saint-Elier.
Garnesey.	Saint-Pierre.

Les Hebrides, proche l'Ecosse.
Schetland, ou Hetlant.
Fero.
Isles Orcades.
Belle-Isle, proche la Bretagne.
Isle de Rhé & d'Oléron, proche la Saintonge.

Dans la mer Baltique se trouve ;

Schetland.	Copenhague.
Rugen.	
Fionie.	
Oeland.	
Gothland.	

Dans la Méditerranée se trouve ;

La Sicile.	Messine & Palerme.
Sardaigne.	Cagliary.
Corse.	La Bastie.
Majorque.	Majorque.
Minorque.	
Yvica.	Yvica.
Malthe, proche la Sicile. .	La Valete.

Candie.	Candie.
Rhode.	

Presqu'isles de l'Europe.

La Scandinavie, qui comprend la Norvege & la Suede.

L'Espagne.
L'Italie.
La Bretagne.
Le Jutland.
La Morée.
La Grece.
La Crimée.

Les Golphes en Europe portant le nom de Mer.

La Méditerranée.
La mer Blanche.
La mer Baltique.
Golphes ordinaires.

Dans la Mer Baltique.

De Bathnie.
De Finlande.
De Riga.
De Dantzick.
De Gascogne.

Dans la Méditerranée.

De Venise.
De Gênes.
De Lion.
De Valence.

Détroits fameux en Europe.

Gibraltar, entre l'Afrique & l'Espagne.

La Manche, entre la France & l'Angleterre.
Le Pas de Calais au même endroit.
Le Sund, en Danemarck.
Caffa, dans la Crimée.
Le Bosphore de Thrace, proche Constantinople.
Les Dardanelles, dans le même canton.
Le Phare de Messine, entre le Royaume de Naples & la Sicile.
Le Détroit de Boniface, entre l'isle de Corse & la Sardaigne.

Des Lacs en Europe.

Le lac Ladoga & le lac Onega, entre le golphe de Finlande & la mer Blanche.
Le lac Peibus, dans l'Estonie.
Le lac Vater & le lac Vaner, en Suede.

En Suisse.

Le lac de Genêve.
Le lac de Zurich.
Le lac de Neuchatel.
Le lac de Constance.

En Italie.

Le lac Majeur.
Le lac de Côme.
Et le lac de Guarde, dans la Seigneurie de Venise.

Isthmes célèbres en Europe.

L'isthme de Corinthe, qui joint la Morée à la Grece.
L'isthme d'Or, ou de Précop, qui joint la Crimée à la petite Tartarie.

Montagnes fameuses en Europe.

Les Pyrénées, qui séparent la France de l'Espagne.

Les Alpes, qui servent de bornes entre l'Italie, la France & l'Allemagne, les Monts Krapats, qui sont entre la Pologne & la Hongrie. Les Monts Poyars, qui sont dans la partie septentionale de la Russie. Le Mont Apennin, qui s'étend le long de l'Italie, les Monts Costeynas, qui partagent la Turquie d'Europe en septentrionale & méridionale. Il y a trois principaux Volcans ou Montagnes, qui jétent du feu; le Mont Vesuve, près de Naples; le Mont Gibel ou Etha, en Sicile; & le Mont Hécla, en Islande.

On remarque en Europe des Souverains de plusieurs sortes, les principaux sont :

Un Prince Ecclésiastique, qui est le Pape, trois Empereurs, celui d'Allemagne, qu'on nomme simplement l'Empereur; celui de Russie ou Moscovie, qu'on appelloit ci-devant Czar, & l'Empereur des Turcs, qui porte le titre de Grand Seigneur.

Onze Rois, savoir; ceux de France, d'Espagne, de Portugal, d'Angleterre, de Pologne, de Danemarck, de Suede, de Prusse, de Bohême & de Hongrie, qui est le même, celui des deux Siciles; enfin le Roi de Sardaigne.

La France.

La France est bornée au nord par la Manche & les Pays-Bas, au midi par la Méditerranée & les Pyrénées, qui la sépare de l'Espagne; au levant par le Piémont, la Savoie & la Suisse, & une partie de l'Italie, dont elle est séparée par les Alpes, en remontant vers le nord par une partie de l'Allemagne & le Luxembourg, & au couchant par l'Océan. Elle a environ 200 lieues en largeur, en la prenant depuis Brest en Bretagne jusqu'à Strasbourg en Alsace; & 225 en longueur, depuis Dunkerque en Flandre, jusqu'à Mont-Louis, en Roussillon.

On divise la France en trente-deux Gouvernemens, en y comprenant l'isle de Corse; il y en a sept au nord, qui sont la Flandre Française, la Picardie, la Normandie, l'isle de France, la Champagne, la Lorraine & l'Alsace.

Dix-sept sont au milieu, qui sont la Bretagne, le Maine, l'Anjou, la Touraine, le poitou, le Berri, le Nivernois, le Bourbonnois, la Bourgogne, la Franche-Comté ou le Duché de Bourgogne, le pays d'Aunis, la Saintonge & l'Angoumois, la Marche, le Limosin, l'Auvergne & le Lyonnois : il en reste huit au midi; la Guyenne, le Béarn, le Comté de Foix, le Roussillon, le Languedoc, le Dauphiné, la Provence & l'isle de Corse.

Noms des Provinces, de leurs Capitales & des Rivieres sur lesquelles elles sont situées.

Les sept du Nord.

LES PROVINCES.	*RIVIERES.*	*CAPITALES.*
La Flandre Française, sur.	La Deule. . .	Lille. . .
La Picardie, sur. . .	La Somme. . .	Amiens. . .
La Normandie, sur. . .	La Seine. . .	Rouen. . .
L'Isle de France, sur. . .	La Seine. . .	Paris. . .
La Champagne, sur. . .	La Seine. . .	Troyes. . .
La Lorraine, sur. . .	La Meurte. . .	Nancy. . .
Et l'Alsace, sur. . .	L'Ill. . .	Strasbourg. . .

Les dix-sept du milieu.

La Bretagne, sur. . .	La Vilaine. . .	Rennes. . .
Le Maine, sur. . .	La Sarthe. . .	Le Mans. . .
L'Anjou, sur. . .	La Sarthe. . .	Angers. . .
La Touraine, sur. . .	La Loire & le Cher.	Tours. . .
L'Orléanois, sur. . .	La Loire. . .	Orléans. . .
Le Poitou, sur. . .	Le Clain. . .	Poitiers. . .

La

PROVINCES.	RIVIERES.	CAPITALES.
Le Berri, sur. . .	L'Eure & le Cher. .	Bourges. . .
Le Nivernois, sur. . .	La Loire. . .	Nevers. . .
Le Bourbonnois, sur. . .	L'Allier. . .	Moulins. . .
La Bourgogne, sur. . .	Suzon & l'Ouche. .	Dijon. . .
La Franche-Comté, sur. . .	Le Doux. . .	Besançon. . .
Le pays d'Aunis, sur. . .	L'Océan. . .	La Rochelle.
La Saintonge & l'Angoumois	La Charante. . .	Sainte & Angoulême
La Marche, sur. . .	La Gartampe. . .	Gueret. . .
Le Limosin, sur. . .	L'Allier. . .	Limoges. . .
L'Auvergne, sur. . .	L'Allier. . .	Clermont. . .
Le Lyonnois, sur. . .	Le Rhône & la Saone.	Lyon. . .

Les huit du Midi.

La Guienne, sur. . .	La Garonne. . .	Bordeaux. . .
Le Béarn, sur. . .	La Gave. . .	Pau. . .
Le Comté de Foix, sur. . .	L'Ariege. . .	Foix. . .
Le Roussillon, sur. . .	Tech. . .	Perpignan. . .
Le Languedoc, sur. . .	La Garonne. . .	Toulouse. . .
Le Dauphiné, sur. . .	L'Iser. . .	Grenoble. . .
La Provence, sur. . .	La Durance. . .	Aix. . .
L'Isle de Corse, sur. . .	La Mer. . .	La Bastie. . .

Il y a plusieurs de ces Gouvernemens qui se divisent en petits pays, tels sont dans la Flandre Française, la Flandre Française propre, le Cambresis & le Hainaut Français.

La Picardie se divise en haute & basse, la haute se divise en quatre parties, qui sont la Picardie propre, ou l'Amienois, la Santerre, le Vermandois & la Tierache. L'Artois étoit joint au Gouvernement de Picardie, mais depuis 1765, il forme un Gouvernement particulier, c'est un pays d'Etat.

La basse Picardie se divise aussi en quatre parties, qui sont le pays reconquis, le Boulonnois, le Ponthieu & le Vimeux. La Normandie se divise en haute

& basse; la haute est à l'Orient, & comprend trois Diocèses: Rouen, Lisieux & Evreux. Le Diocèse de Rouen comprend quatre pays; savoir, le Vexin Normand au sud-est, le Roumois & le pays de Caux au sud & au nord, vers la Manche, & le Bray à l'orient.

Le Diocèse de Lisieux est au sud-ouest de Rouen; il renferme le pays d'Auge & le Lieuvin.

Le Diocèse d'Evreux est au sud de Rouen, & renferme le pays d'Ouche.

La basse Normandie renferme quatre Diocèses; savoir au midi Seès & Avranches; au nord-ouest, Coutances; au nord, Bayeux.

Le Diocèse de Seès comprend le pays de Marche & le Houlme.

Le Diocèse de Bayeux renferme le Bessin & le Bocage.

Le Diocèse de Coutances renferme le Cotentin, la Hague & le Val de Saire.

Le Gouvernement de l'Isle de France, comprend dix pays, qui sont dans le milieu, l'Isle de France propre; deux au sud-est, la Brie Française & le Gâtinois Français; le Hurpoix au sud-ouest; le Mantois, à l'occident; le Vexin Français & le Beauvoisis au nord-ouest: trois au nord-est, qui sont le Valois, le Soissonnois & le Laonnois.

La Champagne se divise en haute & basse: la haute a trois parties qui sont: le Remois, le Pertois & le Rethelois.

La basse en a cinq, qui sont: la Champagne propre, le Valage, le Bassigni, le Sénonois & la Brie Champenoise.

La Lorraine se divise en quatre parties, qui sont: le Bailliage de Nancy, le Bailliage de Vauge, le Bailliage de Vaudrevange, & puis, ce qu'on appelle les trois Evêchés, qui sont: le Messin, le Verdunois, le Toulois & le Duché de Bar.

L'Alsace se divise en trois ; savoir, la haute au milieu, la basse au nord, & le Suntgaw au midi.

On divise la Bretagne en haute & basse ; la haute est à l'orient, & la basse à l'occident. La haute renferme cinq Evêchés, qui sont : Rennes, à l'orient ; Nantes, au midi ; Saint-Malo, au nord ; Dol, au sud-est de Saint-Malo ; Saint-Brieux, au sud-ouest de la même Ville.

La basse renferme quatre Evêchés ; savoir au midi, Vannes & Quimper ; au nord, Saint-Paul de Léon & Treguier.

Le Maine se divise en haut & bas : le haut est vers l'orient, & le bas vers l'occident ; ils sont séparés par la riviere de Sarthe : le Perche est de ce Gouvernement ; on divise l'Anjou en haut & bas.

La Touraine se divise en haute & basse Touraine.

L'Orléanois se divise en six parties, qui sont : l'Orléanois propre, la Bauce ou pays Chartrain, le Vendômois, le Dunois, le Blesois & le Gâtinois.

Le Poitou se divise en haut & bas : le haut est vers l'orient, & le bas vers la Mer.

Le Berri se divise en haut & bas.

Le Nivernois ne se divise point.

La Bourgogne se divise en huit pays : on en trouve quatre au nord, & quatre au midi. Ceux du nord, sont le pays de la Montagne, l'Auxerrois, l'Auxois, le Dijonois au nord-est : ceux du midi, sont l'Autunois, le Châlonois, le Charolois & le Mâconois.

La Bresse & le Bugey sont encore de ce Gouvernement, ainsi que le Bailliage de Gex & le Val de Romey.

On partage la Franche-Comté en quatre grands Bailliages : ce sont ceux d'Amont au nord, de Besançon & de Dol, au milieu, d'Aval au midi.

La Principauté de Montbelliard qui appartient au

Duc de Wurtemberg, eſt enclavée entre la Franche-Comté, l'Alſace & la Suiſſe.

Le pays d'Aunis ne ſe diviſe point.

La Saintonge comprend deux petites Provinces, qui ſont à l'occident, la Saintonge, & à l'orient l'Angoumois.

La Marche ſe diviſe en haute & baſſe : la haute eſt à l'orient, & la baſſe à l'occident.

La petite riviere de Veſere diviſe le Limoſin en haut & bas : le haut eſt au nord & à l'occident de cette riviere, & le bas au midi & à l'orient.

On diviſe l'Auvergne en haute & baſſe ; la haute eſt vers le midi, & la baſſe vers le nord.

Le Lyonnois comprend le Lyonnois propre, le Forez & Beaujolois.

La Guyenne comprend ſix pays : la Guyenne propre ou le Bordelois, le Bazadois, le Périgord, l'Agénois, le Querci & le Rouergue.

La Gaſcogne qui eſt de ce Gouvernement, ſe diviſe en huit petits pays, qui ſont : les Landes à l'occident, le Condomois au nord-eſt ; l'Armagnac dans le milieu ; la Chaloſſe & le pays des Baſques au ſud-oueſt ; le Bigorre au midi ; le Cominge & le Couſſerans au ſud-oueſt.

Le Béarn comprend le Béarn propre, la baſſe Navarre & le Vicomté de Soule.

Le Comté de Foix ne ſe diviſe point.

Le Rouſſillon ſe diviſe en trois parties, qui ſont : la Viguerie de Perpignan, à l'orient, celle de Conflent au milieu, & la Cerdagne Françaiſe à l'occident.

On entend par Viguerie, une Juriſdiction ſubalterne.

Le Languedoc ſe diviſe en haut & bas Languedoc ; le haut eſt vers l'occident, & le bas vers l'orient, on y joint encore les Cévennes, qui ſont au nord-eſt.

Le haut Languedoc contient neuf Diocèſes ; deux

à l'occident, Toulouse & partie de Montauban ; un au nord, Albi : deux dans le milieu, Lavaur & Castres, un au sud-ouest, Rieux : deux au midi, Mirepoix & Saint-Papoul, & partie d'un renfermé dans la Gascogne au sud-ouest ; savoir, Comminge.

Le bas Languedoc a onze Diocèses, deux au midi, Alet & Carcassonne : un au nord du Canal, Saint-Pons : quatre près de la Méditerranée, Narbonne, Beziers, Agde, Montpellier : un au nord-ouest de Montpellier, Lodève : trois à l'occident du Rhône, Nismes, Alais & Usez.

Les Cévennes sont du Gouvernement du Languedoc, se divisent en trois parties, qui sont : le Gevaudan, le Vivarais & le Velay.

Le Dauphiné se divise en haut & bas : le haut comprend six petits pays : deux au nord, le Graisivaudan & le Royanois : deux au midi, les Baronnies & le Gapençois : deux à l'orient, l'Embrunois & le Briançonnois.

Le bas Dauphiné comprend quatre petits pays : le Viennois, le Valentinois, le Tricastin le long du Rhône ; le Diois à l'orient du Valantinois.

La Provence se divise en haute & basse : la haute au nord, la basse au midi.

La haute Provence comprend six Diocèses, qui sont : Sisteron au nord-ouest ; Apt, à l'occident ; Digne, Senez, Riez, dans le milieu ; Glandève, à l'orient.

La basse Provence renferme sept Diocèses : Arles, à l'orient du Rhône ; Aix, à l'orient d'Arles ; Marseille, Toulon, Frejus, Grace, Vence : ces cinq derniers Diocèses sont le long de la Méditerranée.

Le Comtat d'Avignon est enclavé dans la Provence, il appartient au Pape.

Des Rivières & Fleuves de France.

Il y a quatre principaux Fleuves en France, qui

sont : la Seine, qui prend sa source près Sainte Seine en Bourgogne, traverse la Champagne, l'Isle de France, la Normandie, & se décharge dans la Manche, près du Havre de Grace. Les Villes principales qu'elle arrose sont, Troies, Melun, Paris & Rouen.

La Loire prend sa source dans les Montagnes du Vivarais, & après avoir traversé le Velay, le Forez, le Bourbonnois, le Nivernois, l'Orléanois, la Touraine, une partie de l'Anjou, & la partie méridionale de la Bretagne, elle se décharge dans l'océan; elle arrose les villes de Rouane où elle commence à porter bateau, Nevers, Orléans, Blois, Tours, Saumur & Nantes.

Le Rhône prend sa source au Mont Furca ou de la Fourche, près de Saint-Gothard en Suisse, traverse le Valois, le lac de Genêve, côtoie une partie de la Savoie, sépare le Dauphiné de la Bresse, passe à Lyon, & se rend presqu'en ligne droite dans la Méditerranée, après avoir arrosé d'un côté le Dauphiné, le Comtat d'Avignon, la Provence, & d'un autre côté une partie du Languedoc; les Villes les plus remarquables qui sont sur ses bords, sont Lyon, Vienne, Valence, Montlimart, Avignon, Beaucaire, Tarascon & Arles.

La Garonne est appellée la Gironde, depuis sa jonction avec la Dordogne au bec d'Ambes jusqu'à son embouchure dans l'océan. On trouve sa source au Val d'Aran, dans les Pyrénées; elle traverse le pays de Cominge, passe à Toulouse, à Agen, arrose le Bazadois, se rend à Bordeaux, & se décharge assez loin de cette Ville dans l'océan.

Outre ces quatre principaux Fleuves, on remarque encore vingt-quatre Rivieres, dont six au nord, onze dans le milieu, & sept au midi.

Des six qui sont au nord, une se jette dans la Manche, au-dessous d'Abbeville, après avoir traversé la Picardie, c'est la Somme.

Deux se déchargent dans la Seine ; savoir, l'Oise, près Pontoise, & la Marne, près Paris.

La quatrieme est l'Aisne, qui se jete dans l'Oise, près Compiégne.

Les deux dernieres sont la Meuse & la Moselle.

Entre les onze Rivieres du milieu, la premiere qui est en Bretagne, c'est la Valaine, qui se décharge dans l'océan, au-dessous de la Roche-Bernard ; les trois autres, qui sont au nord de la Loire, se rendent dans l'Anjou ; savoir, la Mayenne, la Sarthe & le Loir. La Mayenne, après avoir reçu près d'Angers, la Sarthe, grossie du Loir, se jete dans la Loire.

Il y en a quatre qui se rendent dans la Touraine ; le Cher, Lindre, la Creuse & la Vienne : elles se déchargent dans la Loire, à l'exception de la Creuse, qui se jete dans la Vienne.

La neuvieve Riviere du milieu de la France, est l'Yonne ; elle se jete dans la Seine, à Montreau.

Il y en a deux qui s'unissent en Bourgogne, savoir, la Saône & le Doux.

Au milieu, il y a sept Rivieres, dont trois se jetent dans la Garonne ; ce sont la Dordogne au Bec-d'Ambez, dans le Bourdelois ; le Lot, près d'Aiguillon, dans l'Agénois ; le Tarn, près de Moissac, dans le Querci.

L'Aadour se jete dans l'océan, à Bayonne.

L'Allier se décharge dans la Loire, près de Nevers.

Enfin deux se jetent dans le Rhône, à sa gauche, l'Isere au-dessus de Valence, & la Durance au-dessus d'Avignon.

Des principaux Ports de France sur l'Océan & la Méditerranée.

Il y a dix-sept Ports de mer sur l'Océan & quatre sur la Méditerranée. Les premiers sont en Flandre, Dunkerque, Gravelines, Calais, en Picardie ; en Normandie, Dieppe, le Hâvre de Grace, Barfleur, Cherbourg & Granville. En Bretagne, Saint-Malo, Brest, l'Orient & Port-Louis; au pays d'Aunis, la Rochelle & Rochefort. Ceux de Guyenne sont : Bordeaux, Bayonne, Saint-Jean-de-Luz.

Les quatre qui sont sur la Méditerranée sont : Port-Vendre en Roussillon, Cette en Languedoc; Marseille, Toulon, en Provence.

Les Isles de la France.

Au midi les isles d'Hieres, ou isles d'Or, de Porte-Cros, de Peorquerolle, du Levant, de Sainte-Margueritte.

Au Nord, les Isles d'Aurigny, de Gersey & de Grenesey à l'Angleterre.

A l'occident sur les côtes de Bretagne, isles d'Ouessant, des Saints, de Glenan, de Grois, de Met, de Houat, de Hedic ou Moutons, Belle-Isle & Noirmoutiers.

Sur les côtes du Poitou, isles Dieu; sur les côtes de l'Aunis, les isles de Ré & d'Oleron.

Les Caps de la France.

Au nord, le cap d'Antifer, le cap de la Hague, cap de Frechelle, au nord de la Bretagne, cap Feret, vis-à-vis de Bordeaux, cap Breton, vis-à-vis des Landes, cap de Cren, en Roussillon, cap Talar ou Tardiere, au-dessous de Saint-Tropez.

Départemens de la Marine.

On en compte quatre, trois sur l'Océan & un sur la Méditerranée. Le Havre, dans la Normandie; Brest, à l'extrémité occidentale de la Bretagne; Rochefort, dans le pays d'Aunis; Toulon, en Provence, est sur la Méditerranée.

Des

Des Eaux Minérales de France les plus remarquables.

En Normandie, Forges; Plombieres au midi de la Lorraine; Bourbonne-les-Bains, près Langres, en Champagne.

Dans le milieu, deux : Bourbon-l'Archambaud, près Moulins, dans le Bourbonnois; Vichy, sur l'Allier.

Au midi, dans la Gascogne, Bagneres & Barege, dans la Bigorre, près les Monts Pyrénées, & Balarue, en Languedoc.

Des Archevêchés & des Evêchés de France.

Il y a en France dix-huit Archevêchés & cent douze Evêchés; les Archevêchés sont : les Archevêchés de Paris, de Lyon, de Rouen, de Sens, de Rheims, de Tours, de Bourges, d'Alby, de Bordeaux, d'Auch, de Narbonne, de Toulouse, d'Aix, d'Embrun, de Vienne, d'Arles, de Besançon, & de Cambray.

Des Parlemens.

Il y a treize Parlemens, qui sont : les Parlemens de Paris, de Toulouse, de Rouen, de Grenoble, de Bordeaux, d'Aix, de Rennes, de Dijon, de Pau, de Metz, de Besançon, de Douay, & de Dombe.

Des Conseils Supérieurs.

On compte quatre Conseils Supérieurs en France, douze Chambres des Comptes, douze Cours des Aides, trente-deux Généralités; il y a vingt Généralités divisées en Elections, & douze sans Elections : on appelle Généralités, l'étendue de la Jurisdiction d'un Bureau des Trésoriers de France, pour faciliter la recette des Tailles & autres deniers Royaux, avec un Commissaire pour le Roi, nommé Intendant;

chaque Généralité a son Intendant particulier, excepté Toulouse & Montpellier, qui ont le même.

Des Villes où l'on Fabrique des especes d'or & d'argent.

On comptoit ci-devant trente Villes où l'on battoit Monnoie, treize ont été suprimées par Edit du mois de Mars 1772 ; ainsi il n'y en a plus que dix-sept. Les treize suprimées sont : Caen, Tours, Poitiers, Toulouse, Riom, Dijon, Rheims, Troies, Amiens, Bourges, Grenoble, Rennes & Besançon. Celles qui restent sont, Paris, Rouen, Lyon, Angers, la Rochelle, Limoges, Bayonne, Montpellier, Perpignan, Orléans, Nantes, Metz, Strasbourg, Lille, Pau, Bordeaux & Aix.

De la Gaule Transalpine.

La Gaule que les Romains appellerent Transalpine, c'est-à-dire, au-delà des Alpes, par rapport à eux, comprenoit ce qui se nomme aujourd'hui la France, la Savoie, la Suisse & la plus grande partie des Pays-Bas, &c., terminée à l'orient & au nord par le Rhin : elle se divisoit en Gaule chevelue, ainsi nommée, à cause que les Habitans portoient leurs cheveux longs, & en Gaule Narbonnoise, dont Narbonne étoit la Capitale. Celle-ci étoit bien moins étendue que la premiere.

La Gaule Chevelue se divisoit encore en Gaule Celtique, Gaule Aquitanique, & Gaule Belgique

La Gaule Celtique étoit partagée en cinq Gaules Lyonnoises, dont Lyon étoit la principale de toutes les Villes.

La premiere Lyonnoise renfermoit ce qu'on appelle aujourd'hui l'Archevêché de Lyon avec ses Suffragans; la seconde, toute la Normandie, la troisieme, la territoire de l'Archevêché de Tours & de ſes Suffragans, la plûpart en Bretagne.

La quatrieme, le territoire de l'Archevêché de Sens & de ſes Suffragans, dont Paris a été très-long-tems, juſqu'en 1622.

La cinquieme, le territoire de l'Archevêché de Beſançon & de ſes Suffragans, dont deux ſont encore en Suiſſe.

Il y avoit trois Gaules Aquitaniques.

La premiere comprenoit le territoire des Archevêchés de Bourges & d'Albi, avec leurs Suffragans.

La ſeconde, le territoire de l'Archevêché de Bordeaux & de ſes Suffragans.

La troiſieme, le territoire de l'Archevêché d'Auch & de ſes Suffragans : elle ſe nommoit auſſi la Novempopulanie, à cauſe de ſes neuf Peuples ou Diocèſes.

La Gaule Belgique ſe diviſoit en deux Belgiques & deux Germaniques.

La Belgique premiere renfermoit le territoire de l'Archevêché de Treve & ſes trois Suffragans, Metz, Toul & Verdun.

La Seconde Belgique comprenoit le territoire de l'Archevêché de Rheims & de ſes Suffragans, & encore ce qui forme aujourd'hui la Province Eccléſiaſtique de Cambray, & une partie de celle de Maline.

La Germanie premiere contenoit l'Archevêché de Mayence & de ſes Suffragans, qui ſont en-deçà du Rhin ; ſavoir, Straſbourg & Worms.

La Germanie ſeconde renfermoit le territoire de l'Archevêché de Cologne & de ſes Suffragans, Liége & Utrecht, qui a été depuis érigé en Archevêché.

La Gaule Narbonnoiſe renfermoit la Savoie, le Dauphiné, la Provence, le Languedoc & les Cevennes. Cette Gaule ſe diviſoit en cinq parties ; ſavoir, deux

Narbonnoises, une Viennoise, les Alpes maritimes & les Alpes graies ou pennines.

La France, depuis Pharamond, a eu soixante-sept Rois sous trois Races ; vingt-deux, dans la premiere ; treize, dans la seconde ; & trente-un, dans la troisieme. La Couronne de France est héréditaire & les seuls Enfans mâles & légitimes y ont droit, selon un usage aussi ancien que la Monarchie, que quelques-uns rapportent à la Loi Salique, qui exclud les femmes de la possession de la Couronne.

Le Roi porte le titre de Roi très-Chrétien, confirmé à Louis XI, en 1469, par le Pape Paul II, comme une prérogative spéciale du Roi de France ; & encore le nom de Fils ainé de l'Eglise. Ce dernier titre est fondé sur ce que Clovis, l'un des premiers eut embrassé la Religion Chrétienne ; il étoit le seul Prince Catholique, ou Ordoxoxe ; les autres étoient engagés dans les héréfies d'Arius & d'Eutyches.

La Religion Catholique est la seule que l'on professe en France.

Ce Royaume s'étend entre le treizieme degré de longitude, & le vingt-cinquieme, depuis Brest, à l'occident, jusqu'à Strasbbourg en Alsace, à l'orient, & entre le quarante-deuxieme degré de latitude septentrionale, & le cinquante-unieme depuis Dunkerque en la Flandre, au nord, jusqu'à Mont-Louis dans le Roussillon, au midi.

L'Espagne.

L'Espagne se divise en quatorze parties, le Portugal en est une qui a ses Rois particuliers. Au nord, est la Navarre, la Biscaye, les Asturies & la Galice; au midi, l'Andalousie & le Royaume de Grenade; à l'orient, les Royaumes de Murcie, de Valence & d'Aragon, puis la Catalogne : enfin au dedans, la vieille Castille, la nouvelle Castille & le Royaume de Léon.

La Navarre a pour Capitale Pampelune; la Biscaye, Bilbao; l'Asturie d'Oviédo, Oviédo; l'Asturie de Santillane, Santillane; la Galice, Compostelle; l'Andalousie, Séville; le Royaume de Grenade, Grenade; le Royaume de Murcie, Murcie, le Royaume de Valence, Valence; l'Aragon, Saragosse; Catalogne, Barcelone; la vieille Castille, Burgos; la nouvelle Castille, Madrid, Capitale de toute l'Espagne; & le Royaume de Léon, Léon.

Le Portugal.

Le Portugal se divise en six parties qui sont: la Province entre le Douro & le Minho, la Province de Tralos-Montes, la Province de Beira, l'Estramadure, la Province d'Alentejo, & le Royaume des Algarves. La Capitale du Portugal est Lisbonne.

En Espagne & en Portugal, la Religion Catholique est la seule que l'on y professe.

Les principales Rivieres de l'Espagne sont l'Ebre qui prend sa source aux confins de l'Asturie, passe à Saragosse & à Tortose, & se jete dans la Méditerranée; le Guadalquivir prend sa source à l'extrêmité orientale de l'Andalousie, coule de l'est à l'ouest de cette Province, en la partageant en deux parties tout à fait égales, & se rend dans l'Océan au golphe de Cadix, après avoir arrosé Cordoue, Séville & Saint Lucar.

La Guadiana naît vers le milieu de la nouvelle Castille, passe à Badajoz, & se rend dans la mer, en séparant l'Algarve de l'Andalousie.

Le Tage a sa source sur les confins de l'Aragon, arrose Tolede, & se jete à Lisbonne dans l'Océan Atlantique.

Le Douro, comme le Tage, a sa source aux confins de l'Aragon, coule paralellement à ce Fleuve, de l'est à l'ouest, & se jete dans l'Océan, à une lieue au dessous de Porto.

Le Minho ou Minio, le moindre de ces six Fleuves, naît vers le nord de la Galice, & a son embouchure dans la Mer Atlantique, entre la Galice & le Portugal; il tire son nom du vermillon que l'on trouve dans les contrées qu'il arrose.

L'Espagne est séparée de la France par les Pyrenées, au nord-est; elle est bornée par la Méditerranée, à l'orient & au midi; par le Portugal, à l'occident; & au nord-ouest par l'Océan.

Les Mers qui baignent les côtes de l'Espagne sont: à l'occident, la Mer Atlantique ou Mer d'Espagne; à l'orient & au midi, la Méditerranée.

Les Isles de l'Espagne sont dans la Méditerranée, Majorque, Minorque, Yvica & Formantara.

Les Ports les plus fréquentés de l'Espagne sont ceux de Cadix, de Barcelonne & Lisbonne.

On nommoit autrefois l'Espagne à laquelle le Portugal étoit joint, Ibérie & Hespérie: ce dernier nom qui signifie pays d'occident, lui a été donné par les Grecs, à cause de sa situation à leur égard.

Pour celui d'Ibérie, il paroît venir du Fleuve Iberus, aujourd'hui l'Ebre.

La latitude de ce Royaume est depuis le trente-sixieme jusqu'au quarante-quatrieme degré.

Sa longitude, depuis le neuvieme degré jusqu'au vingt-unieme dans sa plus grande largeur de l'Océan à la Méditerranée.

L'Italie.

L'Italie a 250 lieues, sur une largeur bien moindre & fort inégale: elle se divise en dix parties ou

Souverainetés, qui sont, le Duché de Parme & de Plaisance, la République de Gênes, le Piémont, le Duché de Milan, la République de Venise, le Duché de Mantoue, le Duché de Modene, la Toscane, l'Etat de l'Eglise & le Royaume de Naples.

Le Piémont se divise en neuf parties; savoir, le Piémont propre, le Duché d'Aoust, le Marquisat de Verceil, le Comté d'Asti, le Marquisat de Saluces, le Comté de Nice, le Mont-Ferrat Savoyard, le Mont-Ferrat Mantouan, le Duché de Milan.

Le grand Duché de Toscane est divisé en trois parties, qui sont: le Florentin, le Pisan & le Siennois.

L'Etat de l'Eglise comprend douze Provinces; savoir, la Campagne de Rome, le Patrimoine de Saint Pierre, le Duché de Castres, l'Orviétan, la Terre des Sabins, le Perousin, l'Ombrie ou Duché de Spolette, la Marche d'Ancone, le Duché d'Urbin, la Romagne, la Boulognese & le Ferrarois: Rome est la Capitale.

Le Royaume de Naples se divise en quatre grandes Provinces qui en contiennent de moindres sous elles: ce sont, le Labour, la Calabre, la Pouille & L'Abruze.

La terre de Labour se divise en trois, qui sont: le Labour propre, la Principauté citérieure & la Principauté ultérieure.

La Calabre se divise en trois; savoir, la Calabre citérieure, la Calabre ultérieure & la Bazilicate.

La Pouille se divise aussi en trois parties, qui sont: la Capitanate, la terre de Bari & la terre d'Otrante.

L'Abruzze se divise encore en trois; savoir l'Abruzze citérieure, l'Abruzze ultérieure & le Comté de Molice. Naples est la Capitale.

Les Isles qui avoisinent l'Italie sont la Sicile, la Sardaigne & l'Isle de Corse: on y joint encore l'Isle de Malthe, comme dépendante de la Sicile dont elle est peu éloignée.

Les principales Rivieres de l'Italie sont le Pô, l'Adige, l'Arno & le Tibre. Le Pô est le plus grand Fleuve de l'Italie ; il ramasse & charie les eaux de presque toutes les Alpes ; il prend sa source au Mont Viso dans les Alpes, aux confins du Piémont & du Dauphiné, traverse la Lombardie d'occident en orient, & se jete dans le Golphe de Venise par plusieurs embouchures ; il arrose Turin, Casal, Plaisance, Cremone & Ferrare.

L'Adige prend sa source dans le Tirol, arrose Trente & Verone, se rend dans le Golphe de Venise, près des embouchures du Pô.

La Riviere d'Arno a sa source dans l'Apennin, non loin du Tibre, passe à Florence & à Pise, se jete dans la mer de Toscane.

Le Tibre a sa source dans le Mont Apennin, passe près de Perouse & d'Orviette, traverse Rome, & se décharge dans la Mer à Ostie.

L'Italie est une Presqu'Isle qui est toute dans la Méditerranée.

Ses principaux Souverains sont le Pape, le Roi de Naples ou des deux Siciles, la Maison d'Autriche, le Roi de Sardaigne, le Duc de Parme, le grand Duc de Toscane, & les Républiques de Venise & de Gênes.

Sa longitude est entre le vingt-troisieme degré vingt minutes, en y comprenant la Savoie, & le trente-sixieme trente minutes. Sa latitude, en y renfermant les Isles, est entre le trente-septieme degré & le quarante-septieme.

Les Alpes séparent l'Italie de la France, de la Suisse & de l'Allemagne. le Mont Apennin la traverse dans toute sa longueur, du nord au Sud-est.

Les Isles se divisent aussi en plusieurs parties ; l'Isle de Sicile est divisée en trois parties ; savoir, la Vallée

La

de Mazara, la Vallée de Demona & la Vallée de Noto. La Capitale de la Sicile est Messine.

La Sardaigne se divise en deux, qui sont le Cap Cagliari, le Cap Ludogori. La Capitale est Cagliari.

L'Isle de Corse se divise en quatre parties, du sud au nord; savoir, la Côte de-là les Monts, au Sud, la Côte de dehors, à l'ouest; la Côte de dedans, à l'est, & la Côte de-çà les Monts, au nord. La Capitale de l'Isle de Corse est la Bastie.

L'Allemagne.

L'Allemagne se divise en neuf Cercles, qui sont: l'Autriche, la Baviere, la Suabe, la Franconie, la haute Saxe, la basse Saxe, la Westphalie, le haut Rhin, & le bas Rhin ou Election du Rhin.

L'Autriche a pour Capitale Vienne; elle se divise en sept parties, qui sont: l'Autriche propre, la Stirie, la Carenthie, la Carniole, le Tirol, l'Istrie & la Suabe Autrichienne.

Le Cercle de Baviere renferme six Etats principaux; deux Séculiers & quatre Ecclésiastiques, qui sont: les les Etats du Duc de Baviere; savoir, le Duché de Baviere au midi du Danube, & le Palatinat de Baviere au nord; le Duché de Neubourg, à l'ouest du Cercle de Baviere; l'Archevêché de Salzbourg, au sud-est du même Cercle; l'Evêché de Freizengen, au milieu du Duché de Baviere; l'Evêché de Ratisbonne, & l'Evêché de Passaw, l'un & l'autre le long du Danube. Munich est la Capitale de la Baviere.

La Suabe se divise en six parties, qui sont: le Duché de Wurtemberg, au nord; la Principauté & Comté de Furstemberg, à l'ouest & au sud du Duché de Wurtemberg, le Marquisat de Bade, l'Evêché d'Ausbourg, à l'orient ; l'Abbaye de Kempten, au sud-est, & l'Evêché de Constance, au midi.

La Franconie se divise en cinq parties ; savoir, l'Evêché de Bamber, l'Evêché de Wurtzbourg, au milieu ; & quelques Etats voisins : l'Evêché d'Aichstat, au sud-est : le Marquisat Culembach, ou de Bareith, au nord-est ; & le Marquisat d'Anspach, au midi.

Le Cercle de la haute Saxe comprend la Saxe, la Marche, le Brandebourg, la Pomeranie, la Misnie & la Turinge. Dresde est la Capitale.

La basse Saxe contient huit principales parties, qui sont : le Duché de Brunswich, l'Evêché de Hildesheim, la Principauté de Halberstad, le Duché de Magdebourg, les Etats de la Maison de Brunswich-Hanovre, le Duché de Meckelbourg, le Duché Holstein, & l'Evêché de Lubeck.

Le Cercle de Westphalie renferme treize Etats principaux ; savoir, l'Evêché de Liege, enclavé dans les Pays-Bas ; le Duché de Juliers, à l'occident du Rhin ; le Duché de Berg à son orient, le Duché de Westphalie, ou le Saureland, au nord-est de celui de Berg ; le Duché de Cleves, à l'orient & à l'occident du Rhin : on joint à ce Duché le Comté de Marck, parce qu'il est voisin à l'orient, & qu'il appartient au même Souverain ; l'Evêché de Munster, au nord des Etats précédens ; l'Evêché de Paderborn, à l'orient du Cercle de Westphalie ; l'Evêché d'Osnabruck, à l'orient de l'Evêché de Munster ; la principauté de Minden, & le Comté de Ravensberg, au sud-est de l'Evêché d'Osnabruck ; le Comté de Hoye ; & le Duché de Ferden, au nord-est du même Evêché : le Comté d'Olenbourg ; la Principauté d'Oost-Frise, au Nord de l'Evêché de Munster.

Quelques Géographes renferment le Comté de Nassau dans le Cercle de Westphalie.

Le Cercle du Bas-Rhin, ou Election du Rhin.

Le Cercle du Bas-Rhin coupe celui du Haut-Rhin: on le nomme aussi Cercle Electoral, parce qu'il comprend quatre Electorats, qui sont; Mayence, Treve, Cologne, & le Palatinat du Rhin.

Le Cercle du Haut-Rhin.

Le Cercle du Haut Rhin renferme huit principaux Etats; savoir, l'Evêché de Worms & celui de Spire, tous deux sur le Rhin, & enclavés dans le Palatinat; l'Evêché de Bâle, au midi de l'Alsace & au nord-ouest de la Suisse; le Duché de Deux-Ponts, & le Duché de Simmeren, à l'occident du Palatinat, & au nord-est de la Lorraine; le Landgraviat de Hesse, au nord du Cercle du Haut-Rhin; & les autres terres de la même Famille de Hesse en Véteravie, dont la principale est le Landgraviat de Darmstat, au midi de la Véteravie; le Comté de Nassau à son occident; & la Principauté de l'Abbaye & Evêché de Fulde, à son orient.

Les principales Rivieres de l'Allemagne sont, le Danube, le Rhin, le Weser, l'Elbe & l'Oder.

Cet Empire s'étend depuis le vingt-deuxieme degré trente minutes de longitude, environ, jusqu'au trente-septieme; & depuis le quarante-cinquieme, jusqu'au cinquante-cinquieme de latitude septentrionale. Il est borné au nord par l'Océan & la Mer Baltique; au midi, par l'Italie & la Suisse; à l'Orient, par la Pologne & la Hongrie; à l'occident, par la France & les Pays-bas.

Il y a trois principales Religions en Allemagne. La Catholique qui est la plus étendue, est dominante dans les Etats d'Autriche, dans ceux des Electeurs Eccléſiaſtiques, dans le Cercle de Baviere, & dans les Etats des Provinces Eccléſiaſtiques.

La Luthérienne domine dans les Cercles de la haute & de la baſſe Saxe, dans une grande partie de ceux de Weſtphalie, de Franconie, de Suabe, & dans la plupart des Villes impériales.

La Calviniſte eſt profeſſée dans les Etats de l'Electeur de Brandebourg, du Landgrave, de Heſſe-Caſſel & de pluſieurs autres Princes.

Il y a en Allemagne des Villes qu'on appelle Impériales; ce ſont certaines Villes qui n'étant ſujettes d'aucuns des Souverains de l'Empire, ont le droit de ſe gouverner elles-mêmes, & ſont comme autant de Républiques ſubalternes; elles ſont au nombre de cinquante-une. Les Villes Anſceatiques ſont des Villes unies & confédérées pour ſoutenir leur commerce.

Le Royaume de Bohême.

Le Royaume de Bohême comprenoit autrefois la Bohême propre, le Duché de Siléſie, & les Marquiſats de Moravie & de Luſace: à préſent il ne renferme que la Bohême propre & la Moravie. La Capitale de la Bohême eſt Prague.

La Luſace appartient à l'Electeur de Saxe, le Duché de Siléſie fut cédé au Roi de Pruſſe en 1742 & 1745, par la Maiſon d'Autriche, qui ne ſe réſerve qu'une partie de la haute Siléſie, que l'on appelle Siléſie Autrichienne.

On diviſe la Siléſie en haute, baſſe & moyenne; la baſſe au nord, la haute & moyenne au midi.

La Bohême propre a environ du nord au ſud ſoixante lieues communes de France, & ſoixante-quinze lieues communes de France, d'orient en occident. La Religion Catholique eſt la dominante, quoiqu'il y ait beaucoup de Proteſtans.

Les principales Rivieres de ce pays ſont le Muldaw, l'Elbe, l'Oder & la Morave.

La Hongrie.

On diviſe ce Royaume en quatre parties, qui ſont: la haute Hongrie, la baſſe Hongrie, l'Eſclavonie & la Tranſilvanie. Preſbourg ſur le Danube eſt la Capitale de la haute Hongrie, & Bude de la baſſe. Sa longitude eſt depuis environ le trente-cinquieme degré, juſqu'au quarante-quatrieme trente minutes; & ſa latitude ſeptentrionale, depuis environ le quarante-cinquieme degré, juſqu'au-delà du quarante-neuvieme.

Cet Etat eſt borné au nord par le Royaume de Pologne; au midi & à l'orient, par la Turquie d'Europe; & à l'occident, par la ſtirie, l'Autriche & la Moravie.

Les principales Rivieres de la Hongrie ſont le Danube, la Save & la Drave. La Religion Catholique eſt la dominante. Il y a un grand nombre de Proteſtans auxquels on accorde la liberté de conſcience.

La Suiſſe.

La Suiſſe eſt une République qui eſt diviſée en treize Cantons, qui ſont: Zurich, Berne, Uri, Schwits, Underwald, Zug, Glaris, Bâle, Fribourg, Soleure, Schaffhouſe, Lucerne & Appenzel.

Des treize Cantons, il y en a ſept Catholiques; deux moitié Catholiques & moitié Proteſtans, & quatre purs Proteſtans. Des ſept Catholiques, ſavoir, Uri, Undervald, Schwits, Zug, Fribourg, Soleure & Lucerne; les quatre premiers ſont démocratiques, les trois autres sont Aristocratiques : les deux Cantons moitié Catholiques & moitié Protestans, Glaris & Appenzel sont Démocratiques : les quatre Protestans sont Aristocratiques ; ce sont Zurich, Bâle, Scaffhouse & Berne.

Des sept Cantons Catholiques, il y en a quatre à l'orient, du sud au nord : ce sont Uri, Underval, Schwitz & Zug ; le cinquieme, savoir, Fribourg, est au sud-ouest ; le sixieme, qui est Soleure, est au nord-ouest ; le septieme, Lucerne, se trouve dans le milieu.

Les Suisses ont plusieurs Alliés ; les principaux sont la République de Genêve, le Valais & pays des Grisons, auquel se rapporte la Valteline. Les Grisons étoient autrefois les Rhetes.

Des Sujets des Suisses.

On entend par Sujets des Suisses divers petits pays possédés en commun par plusieurs Cantons, & qui la plupart sont renfermés dans la Suisse propre. On peut les diviser en trois parties, selon qu'ils sont situés, ou du côté de l'Allemagne, ou du côté de la France, ou du côté de l'Italie.

Sujets des Suisses du côté de l'Allemagne.

Il y en a sept ; savoir, l'ancien Comté de Bade, les Offices libres, le Turgow, le Rheintal, l'ancien Comté de Sargans, le Gaster ou pays d'Ulznach & la Ville de Rapperscheweil sur le lac de Zurich.

Sujets des Suisses du côté de la France.

Ce sont quatre Bailliages qui appartienent à Berne & à Fribourg ; ils prennent le nom de leur Capitale ; savoir, Morat, à l'occident de Berne ; Granson, au sud-ouest de Neuchâtel, & sur son lac ; Orbe, au midi & près du Canal qu'on a fait pour joindre les Lacs de Neuchâtel & de Genêve.

Sujets des Suisses du côté de l'Italie.

Les Suisses possédent quatre Gouvernemens & trois Bailliages au sud d'Uri, sur l'ancien territoire d'Italie.

Les Gouvernemens sont ceux de Lugano, de Lucarno, de Mendris, & de Volmagia.

Les principales Rivieres de la Suisse sont le Limar, l'Aar, le Rhin, le Rhône & le Russ.

La Savoie.

La Savoie se divise en six parties ; trois vers le nord ; savoir, le Genevois, le Chablais & le Faucigny ; trois vers le midi, la Savoie propre, la Tarentaise, & le Comté de Morienne. Chamberry est la Capitale.

La Savoie est bornée au nord par le lac de Genêve qui la sépare de la Suisse ; à l'occident, par le Rhône qui la sépare de la Bourgogne & du Dauphiné, Provinces de France ; au midi aussi par le Dauphiné ; & à l'orient, par le Piémont & le Valais.

La Religion Catholique est la seule qu'on y professe.

Les principales Rivieres qui arrosent la Savoie, sont l'Isere, l'Arche & l'Arve.

Les Pays-bas.

On appelle ainsi les Provinces qui sont septentrionales de la France, parce qu'elles sont vers la mer, & que plusieurs Rivieres considérables y ont leur embouchure. Les Pays-bas Autrichiens se divisent en huit pays ; savoir, le Duché de Brabant, la Seigneurie de Malines, le Duché de Luxembourg, le Duché de Limbourg, le Comté d'Alem, le Comté de Namur, le Comté de Flandre, la Flandre Impériale & le Marquisat d'Anvers.

Bruxelles est la Capitale de tous les Pays-bas Autrichiens.

Les Rivieres les plus considérables sont la Meuse, l'Escaut, la Lys, la Scarpe, la Dille & la Sambre.

La Hollande, ou Provinces-Unies.

On appelle les Pays-bas Protestans Hollande, du nom de la plus considérable de ces Provinces; c'étoit l'ancienne Batavie, & faisoit partie de l'ancienne Belge. On divise les Provinces-Unies en sept: savoir, le Duché de Gueldre, & le Comté de Zulphen, qui ne font qu'une seule Province; le Comté de Hollande, le Comté de Zelande, la Seigneurie d'Utrecht, la Seigneurie de Frise, la Seigneurie d'Overissel, & la Seigneurie de Groningue, à laquelle on peut joindre le Brabant Hollandois.

Amsterdam est regardée comme la principale Ville de la Hollande, & Capitale du Comté de ce nom.

La Hollande est bornée à l'orient par la Westphalie; au midi, par les Pays-bas Autrichiens; à l'occident & au nord, par l'océan, qui forme sur les côtes de Hollande un grand Golphe que l'on appelle la Mer de Zuiderzée.

Sa latitude septentrionale est depuis le cinquante-unieme degré, jusqu'au cinquante-troisieme trente minutes: sa longitude est entre le vingt-unieme & le cinquante-cinquieme degré.

L'Angleterre.

Le Royaume d'Angleterre est composé de deux grandes Isles, dont la premiere, qui est la plus étendue, renferme l'Angleterre proprement dite avec l'Ecosse, & l'autre contient l'Irlande. Chacune de ces trois

trois contrées a le titre de Royaume. L'Angleterre a pour Capitale Londres.

L'Angleterre & la Principauté de Galles contiennent ensemble cinquante-deux Comtés, qu'on appelle en langage du pays *Shires* : quarante dans la premiere, & douze dans la seconde : on en trouve six vers le nord, dix au midi, dix-huit au milieu, six à l'orient, & douze à l'occident, qui sont celles de la Principauté de Galles. Les fils aînés du Roi d'Angleterre portent le nom de Princes de Galles.

Les principales Rivieres de l'Angleterre sont, la Tamise, la Saverne, la Humber, la Flint & L'youre qui se jete dans la Humber. Les Isles qui environnent l'Angleterre sont à l'occident l'Isle de Man, l'Isle d'Anglesey, les petites Isles de Bardsey, de Ramsey, de Scaline, de Smals, de Londay, de Bresam, puis les Isles Sorlingues ou de Silley, au midi, l'Isle de Wight, l'Isle Portland, à l'orient, Holy-Hland, ou l'Isle-Sainte, l'Isle de Coquet, & l'Isle de Thanet.

Les Caps sont le Cap-Lezard, au midi, & le Cap Cornwall ; à l'orient, le Cap Flanbourough. Ce pays est entre le cinquantieme & le cinquante-sixieme degré de latitude, & entre le douzieme & le dix-neuvieme de longitude.

L'Ecosse est divisée en deux parties par le Thay, l'une septentrionale, & l'autre méridionale, qui contiennent ensemble trente-cinq Provinces, dont treize dans la premiere, & vingt-deux dans la seconde. Edimbourg est la Capitale.

Les Rivieres de l'Ecosse sont le Thay, la Spey, la Dée, la Clyd & la Tivede. La Capitale est Edimbourg.

Les Isles de l'Ecosse sont les Hebrides ou Westernes, qui s'étendent du nord au sud, à l'occident de l'Ecosse, les Orcades au nord, les Isles de Schetland, & l'Isle de Rona ou de Barre.

F.

De la grande Pologne propre.

Elle comprend la grande Pologne propre, à l'occident; la Mazovie, à l'orient, la Prusse Polonoise, au nord; & la Cujavie, au milieu.

La grande Pologne propre a cinq Palatinats, qui sont: ceux de Rava, de Lincieza, de Kalisk, de Posnanie, & de Siradie. Posna est la Capitale de la grande Pologne.

La petite Pologne est au midi de la grande, & on y joint la Russie noire, &c.; mais, à parler proprement, elle ne contient que trois Palatinats: ceux de Lublin, de Cracovie & de Sandomir. Cracovie est l'ancienne Capitale du Royaume.

La Lituanie avoit autrefois des Souverains qui prenoient le titre de grands Ducs. En 1569, à la Diete de Lublin, elle fut parfaitement unie à la Pologne.

Depuis quelques années trois grandes Puissances ont démembré la Pologne. Quelques Provinces méridionales sont échues en partage à la Maison d'Autriche-Lorraine; une partie de la Lithnanie, à l'Impératrice de Russie; & la Prusse Polonoise, avec des parties de différens Palatinats, au Roi de Prusse. Tous ces démembremens emportent au-delà du quart de ce vaste Royaume. Varsovie est à présent la Capitale & la résidence des Rois, de leur élection, & celui de la convocation des Dietes.

La Religion Catholique est la dominante. Le Roi est obligé d'en faire profession. Il y a aussi des Luthériens & des Calvinistes, & beaucoup de Juifs.

Les Rivieres de Pologne sont, la Vistule, à l'occident; elle a sa source dans la Silésie: le Bug a sa source dans la Russie rouge, la Varte a sa source dans le Palatinat de Cracovie; le Niémen prend sa source dans le Palatinat de Minski en Lituanie. Le Nieper, autrefois le Boristhene, prend sa source en Russie. Le Niester, au midi, prend sa source dans les Montagnes de la Russie noire ou rouge. Le Bog prend sa source dans la Podolie, tout au nord.

La Pologne est située entre le trentieme & le cinquantieme degré de longitude, & entre le cinquantieme & le cinquante-cinquieme de latitude septentrionale. Elle est bornée au nord, par la Prusse, & une partie par la Mer Baltique ; au midi, par la Hongrie & une partie de la Russie ; à l'orient encore, par la Russie ; & à l'occident, par l'Allemagne.

La Prusse.

On partage la Prusse en trois Provinces ou Cercles qui renferment chacun trois Pays. Ces trois Cercles sont ceux de Samland, de Natangen, & de Hockerland.

Le Cercle de Samland, au nord-est & vers la Samogitie, renferme le Samland propre, la Sclavonie, & la Nardie ou Nadravie.

Le Cercle de Natangen, au milieu du Royaume de Prusse, contient la Natangie, la Bartonie & la Sudavie.

Le Cercle de Hockerland est le plus à l'occident, & les terres de Pologne l'environnent de trois côtés; il renferme la Galindie, la Pomesanie, & le Hockerland propre.

Koningsberg est l'ancienne Capitale de la Prusse ; & ce fut dans cette Ville que l'Electeur Fréderic Guillaume fut couronné Roi de Prusse, le 15 Janvier 1701 ; c'est à présent Berlin qui est la Capitale de la Prusse & du Brandebourg.

La Religion dominante est la Luthérienne.

La Prusse est entre le cinquante-quatrieme & le cinquante-cinquieme degré de latitude septentrionale, &

entre le trente-quatrieme de longitude. Elle est bornée au nord par la Mer Baltique ; au midi, par la grande Pologne ; à l'orient, par la Lithuanie ; & à l'occident, par la haute Saxe.

La Vistule traverse la Prusse du midi au nord, & se jette dans la Mer Baltique.

La Scandinavie.

La Scandinavie occupe la partie la plus septentrionale de l'Europe, & elle comprend le Danemarck, la Norwege & la Suede, ce qu'on appelle les Couronnes du nord, & forme deux Monarchies, dont l'une comprend le Danemarck & la Norwege, & l'autre la Suede.

Le Danemarck.

La Norwege a été réunie au Danemark vers le milieu du quatrieme siecle, que l'héritiere du Danemarck épousa le Roi de Norwege. Le Danemarck est composé de la Presqu'isle appellée le Jutland (c'étoit autrefois la Chersonese Cimbrique, (& des Isles Séeland & Fionie, à l'entrée de la Mer Baltique, dont la premiere, qui est la plus grande, a vingt lieues de diametre, la Presqu'isle en a soixante-dix de longueur sur une bien moindre largeur. On divise le Jutland en deux parties qui sont, le Nord-Jutland, & le Sud-Jutland.

Les Isles les plus considérables du Danemarck sont celles de Séeland & de Fionie. L'Isle de Séeland a environ soixante lieues de tour : Coppenhague en est la Capitale, ainsi que de tout le Danemarck ; & Odensée, de l'Isle de Fionie.

La Norwege.

La Norwege se divise en quatre Gouvernemens, du

midi au nord : ce sont ceux de Berghen, d'Aggerhus, de Dronthem & de Vardhus. Berghen en est la Capitale.

La principale Isle qui dépend de la Norwege, est l'Islande, une des plus grandes de l'océan septentrional; elle est située entre le soixante-quatrieme & le soixante-septieme degré de latitude septentrionale : le premier méridien passe par le milieu de cette Isle. Skalhot en est la Capitale.

La longitude de la Norwege qui s'étend le long de la Suede à l'occident & au nord, est, pour sa partie méridionale, depuis le vingt-troisieme degré, jusqu'au trentieme ; & pour sa partie septentrionale, depuis le trentieme jusqu'au cinquantieme.

Sa latitude est depuis le cinquante-septieme degré quarante-trois minutes, jusqu'au soixante-onzieme trente minutes.

La Religion Luthérienne est celle de l'Etat; la Calviniste est permise, & la Catholique entiérement défendue.

Il n'y a point de Riviere considérable en Danemarck.

La Suede.

Cet État se divise en cinq principales parties : au milieu, la Suede propre, à l'occident de la Mer Baltique ; la Gothie, au sud ; la Laponie Suédoise, au nord; la Bothnie, qui occupe des deux côtés les bords du Golphe auquel elle donne son nom ; & la Finlande, à l'orient du Golphe de Bothnie.

La Suede propre, ou Suéonie, comprend deux Provinces; la Suede propre, au midi, & le Nordland, ou les Nordelles, au nord.

La Suede propre se divise en cinq parties, savoir, l'Uplande, la Sudermanie, la Néricie, la Westmanie & le Wermeland.

Stockolm est la Capitale de la Suede, Port à l'embouchure du Lac Meler dans la Mer Baltique.

La Religion Luthérienne est la seule permise en Suede ; on y trouve néanmoins des Calvinistes & quelques Catholiques.

La Suede s'étend depuis le vingt-huitieme degré vingt minutes de longitude, jusqu'au quarante-neuvieme ; & depuis le cinquante-cinquieme vingt minutes de latitude, jusqu'au soixante-neuvieme trente minutes. Elle est bornée au nord, par la Laponie Nowegienne; à l'orient, par la Russie; au midi, par le Golphe de Finlande & la Mer Baltique ; à l'occident, par la Norwege.

L'Empire de Russie.

La Moscovie ou Russie se peut diviser en quinze Gouvernemens : onze en Europe, & quatre en Asie: des onze Gouvernemens de la Russie Européenne, cinq sont au nord, & six au midi : les cinq du nord sont : les Gouvernemens de Riga, de Revel, de Saint Petersbourg, de la grande Novogorod, d'Archangel avec la Laponie Russienne.

Les six Gouvernemens du midi sont les Gouvernemens de Moscow, de Smolenko, de Bielogorod, de Kiovie, de Woronesk, & de Nisi Novogrod.

Les quatre Gouvernemens en Asie sont ceux de Kasan, d'Orenbourg, d'Astracan, & de Tobolsk ou de Sibérie. Saint Petersbourg est la Capitale de la Russie; c'étoit autrefois Moscow.

La Religion des Russes est la Chrétienne ; mais ils sont Schismatiques, & suivent le Rit grec. Le Gouvernement est despotique.

Les principales Rivieres de Russie sont le Wolga, le Dniéper, le Don, autrefois Tanaïs, & la Duine.

La Russie d'Europe est bornée au nord par la Mer blanche ; au midi, par la petite Tartarie ; à l'orient, par l'Asie; à l'occident, par la Mer Baltique & la Pologne.

Elle est située entre le quarantieme & le soixante-dixieme degré de longitude, & entre le cinquantieme & soixante-septieme de latitude septentrionale.

La Turquie d'Europe.

La Turquie septentrionale en Europe se divise en dix Provinces : quatre au delà du Danube, qui sont : la petite Tartarie, la Bessarabie, la Moldavie & la Valaquie.

Les trois le long du Danube sont la Bulgarie, la Servie & la Bosnie : deux sur la Mer Adriatique ou Golphe de Venise; savoir, la Croatie & la Dalmatie; enfin la dixieme sur la Mer de Marmara, qui est la Romanie.

La Turquie Méridionale en Europe.

La Turquie méridionale en Europe comprend ce qu'on nommoit autrefois la Grece : on la divise en terre ferme & en Isles.

La Terre ferme contient la Macédoine, l'Albanie, l'Epire, la Thessalie, l'Acaïe dite aussi Livadie, & la Morée.

Les Isles de la Grece se divisent en deux parties, parce que les unes sont dans la Mer Jonienne, ou Mer de Grece; les autres sont dans l'Archipel : celles qui sont dans la Mer Jonienne sont au nombre de quatre principales, qui sont : Corfou, Sainte-Maure, Cephalonie & Zante : puis les Isles de l'Archipel.

L'Isle de Candie ferme l'Archipel du côté du midi.

La Religion de la Turquie est la Mahométane, & le Gouvernement despotique.

Cette partie de l'Empire Turc est entre le trente-quatrieme degré & le quarante-huitieme de latitude,

&

& entre le trente-sixieme & le cinquante-huitieme de longitude : elle est bornée à l'occident par le Golphe de Venise ; au midi, par la Méditerranée ; à l'orient, par la Mer noire, celle d'Azof & le Don ; au nord, par la Hongrie, la Transilvanie & la grande Russie.

Constantinople est la Capitale de tout l'Empire Turc.

L'ASIE.

On divise l'Asie en sept parties principales, qui sont la Turquie Asiatique, l'Arabie, la grande Tartarie, la Perse, l'Inde qui renferme l'Empire du Mogol & les deux Presqu'Isles en-deçà & au-delà du Gange ou la Presqu'Isle occidentale de l'Inde, & la Presqu'Isle orientale ; la Chine & les Isles.

De ces principales parties de l'Asie, la Turquie & la Perse sont à l'occident ; l'Arabie & l'Inde, au midi ; la Chine, à l'orient, & la Tartarie, au nord.

La Turquie en Asie peut se diviser en six parties, en y comprenant l'Arabie, quoique le Grand Seigneur n'en posséde qu'une partie : ce sont, la Natolie, la Syrie, le Diarbeck, la Turcomanie, la Georgie & l'Arabie.

La Natolie se divise en quatre parties ; savoir, la Natolie propre, la Caramanie, l'Amasie & l'Aladulie.

La Syrie se divise en trois parties qui sont : la Syrie propre, la Phenicie & la Judée.

Le Diarbeck se divise aussi en trois ; le Diarbeck propre, l'Irac-Arabi & le Curdistan.

Cette Province comprend l'ancienne Assirie & l'ancienne Mesopotamie, à l'occident. L'Irac étoit l'ancienne Chaldée ou Babilonie, au midi ; & le Curdistan étoit l'Assirie propre.

La Turcomanie étoit autrefois l'Arménie majeure.

La Georgie eſt l'ancienne Colchide.

L'Arabie ſe diviſe en trois parties qu'un trouve du nord au ſud ; ſavoir, l'Arabie petrée, l'Arabie déſerte, & l'Arabie heureuſe. Médine & la Mecque ſont les principales Villes de l'Arabie.

La Tartarie Ruſſienne, ou Ruſſie Aſiatique.

La Tartarie Ruſſienne ſe diviſe en ſix Gouvernemens ; ſavoir, d'Aſtracan qui eſt de la Circaſſie, de Kaſan, de Tobolskoi ou de Sibérie, de Jeniſſeiskoi, de Jakuckoi, & d'Orenbourg.

La Tartarie indépendante eſt bornée au nord par la Ruſſie Aſiatique, au midi, par les Indes & la Perſe, & à l'occident, par la mer noire. Elle comprend les Mongales orientaux, les Mongales occidentaux, le Royaume des Eluths, où on trouve la Kalmakie, la petite Bucharie, le petit Thibet, le grand Thibet ou Etats du Dalay-Lama, les Tartares Nogais qui habitent les côtes ſeptentrionales de la Mer Caſpienne, les Uſbecks, la grande Bucharie, & le Turqueſtan. On trouve encore entre la Mer noire & la Mer Caſpienne, le Dageſtan, la Circaſſie, & quelques Peuples libres aux environs du Caucaſe.

La Tartarie Chinoiſe.

La Tartarie Chinoiſe eſt à l'orient de la Tartarie indépendante & la grande muraille de la Chine, qui la ſépare de cet Empire. Toute la Tartarie occupe près de la moitié de l'Aſie : ſa latitude ſeptentrionale eſt depuis le vingt-quatrieme degré, juſqu'au delà du ſoixante-quinzieme : ſa longitude depuis le ſoixante-deuxieme juſqu'au deux cens ſixieme, en y comprenant les découvertes du nord-eſt de la Sibérie, faites ſous le regne de Pierre-le-Grand.

La Perse.

La Perse contient treize Provinces, qui sont: une au nord-ouest, qui est l'Aderbuane ou l'Aderbijan: trois au nord & sur la Mer Caspienne; savoir, le Chirvan, le Ghilan, le Tabristan; deux au nord-est, le Chorasan & le Candahar; trois dans le milieu, d'occident en orient; l'Irac-Agémi, le Segestan & le Sablestan: quatre au midi, le long du Golphe d'Ormus & de la Mer des Indes; le Khursistan, le Farsistan, le Kerman & le Mecran. La Capitale de la Perse est Ispahan.

Ce Royaume est situé entre le vingt-cinquieme & le quarante-quatrieme degré de latitude septentrionale. Sa longitude est depuis le soixantieme degré, jusqu'au quatre-vingt-septieme. Il est borné au nord par la Georgie & la Circassie, la Mer Caspienne & le Pays des Usbeks: au midi, par le Golphe Persique & la Mer des Indes: à l'orient, par les Etats du Mogol; & à l'occident, par le Cursistan & l'Irac-Arabi.

Les Persans sont Mahométans de la Secte d'Ali.

L'Inde.

Cette vaste contrée se divise en trois parties, qui sont: l'Empire du Grand Mogol, ou l'Indostan; la Presqu'Isle de l'Inde, en-deça du Gange, qu'on appelle aussi la Presqu'Isle occidentale; & la Presqu'Isle au delà du Gange, nommée Presqu'Isle orientale.

L'Empire du Mogol est divisé en dix-neuf Gouvernemens ou Provinces: deux au nord, Cachemire & Ayoud: deux à l'orient du Gange, Siba & Patna: six au midi, d'orient en occident, Bengale, Orixa, Candich, Baglana, Gusarate & Talinga: trois à l'occident, Tata, Moltan & Caboul: six au milieu, entre l'Inde & le Gange, Lahor, Deli, Agra, Asmer,

Malva & Halabas. On peut joindre à ces dix-neuf Provinces les Royaumes de Visapour, de Golconde, de Bisnagar ou Carnate, & autres Etats voisins.

La Presqu'Isle occidentale comprend les Royaumes de Golconde, de Visapour, de Bisnagar, de Gingi, de Tanjor, de Maduré, les Etats du Samorin & de Travancor, avec les côtes de Coromandel à l'orient, & de Malabar à l'occident. Cette Presqu'Isle est située entre le septieme degré de latitude septentrionale, & le vingtieme : sa largeur est fort inégale, parce qu'elle va toujours en diminuant, & finit en pointe au Cap Comorin.

La Presqu'Isle occidentale.

Cette Presqu'Isle renferme sept Royaumes : trois vers le nord, qui sont ceux d'Ava, de Pegu & d'Aracan. La partie méridionale renferme le Royaume de Siam & la Presqu'Isle de Malaca, qui appartient au Roi de Siam : la partie orientale contient les Royaumes de Tonquin, de la Cochinchine, & de Camboge. Tous ces Etats sont Idolâtres.

La Chine.

L'Empire de la Chine se divise en seize Provinces ; sept vers le nord ; savoir, d'occident en orient, le Chensi, le Chansi, le Petcheli, le Changtong ; à l'occident, le Setchuen ; au milieu, le Honan & l'Eaotong, au nord-est de Petcheli, & au delà de la grande muraille.

La partie méridionale de la Chine contient neuf Provinces ; à l'orient, le Nankin ; au milieu, le Houquan, le Kiangsi ; au sud-est le Chekian, le Fokien ; au sud, le Quangtong, le Quangsi ; au sud-ouest, le Koeitcheou, & Lyouman. Pekin est la Capitale de la Chine ; elle s'appelloit autrefois Cambalu. Nankin étoit l'ancienne Capitale ; c'est la plus grande Ville du monde : on lui donne douze lieues de tour, sans compter ses vastes fauxbourgs. Le Gouvernement de la Chine est Despotique.

La Religion est la païenne; il y a cependant une Secte qu'on nomme Lettrés : elle est composée de Savans qui ne reconnoissent qu'un seul Dieu immortel; ils l'adorent sous le nom de Tien.

La Chine est située entre le vingtieme & le quarante-deuxieme degré de longitude septentrionale, & entre le cent-dix-huitieme & le cent-quarante-cinquieme degré de longitude, en y comprenant le Royaume de Corée : ainsi sa latitude est de vingt-deux degrés, & sa longitude de vingt-sept, ce qui fait plus de cinq cens lieues de longueur & de largeur, en prenant sa plus grande largeur & sa plus grande longueur; elle est bornée au nord par la Tartarie Chinoise; au midi, par le Royaume de Tonquin & l'Océan qui la borne aussi à l'orient; & à l'occident, le Royaume de Tibet ou de Boutan.

La Corée.

La Corée est une grande Presqu'Isle gouvernée par un Roi tributaire de l'Empereur de la Chine. Ce Royaume est divisé en huit Provinces qui contiennent trois cens soixante Villes grandes & petites : Kingkitao en est la Capitale.

Les Isles de l'Asie.

Les Isles de l'Asie peuvent se réduire en sept corps: on en trouve six du nord au sud; savoir, les Isles qui sont près du Kamtschatka, les Isles du Japon, les Isles Mariannes ou des Larons, dans l'Archipel de Saint-Lazare, les Philippines ou Manilles, les Moluques, les Isles de la Sonde : le septieme corps d'Isles;

ſavoir, les Maldives & Lacdives, au ſud-oueſt de la Preſqu'Iſle occidentale de l'Inde; au ſud-eſt & à la pointe de la Preſqu'Iſle occidentale de l'Inde, on trouve l'Iſle de Ceilan.

Preſqu'Iſles de l'Aſie.

Il y en a ſept, quatre grandes & trois petites.

Les quatre grandes ſont la Natolie, l'Arabie, la Preſqu'Iſle occidentale de l'Inde, avec la Preſqu'Iſle de Guzarate ſur les côtes de l'Empire du Mogol.

La Preſqu'Iſle orientale de l'Inde avec la Cochinchine, le Royaume de Siam & la Preſqu'Iſle de Malaca.

Les trois petites ſont la Corée entre le Japon & la Chine; Jedſo, à l'orient de la Tartarie Chinoiſe; Kamſchatka, au nord de la Tartarie Chinoiſe.

Golphes en Aſie.

Golphe Perſique ou Dormus, Golphe de Cambaye Golphe de Bengale, Golphe de Siam, Golphe de Cochinchine, Golphe de Petchely, à l'orient de la Chine; Golphe de Jedſo qui borne les terres du même nom; Golphe Penſinique dans la Mer de Kamtſchatka, Golphe de l'Obi proche le Détroit de Vaigal & la nouvelle Zemble.

Lacs en Aſie.

Il y a cinq Lacs conſidérables en Aſie, qui ſont: le Lac Baikal, le Lac Balkaſi au Royaume des Eleuths, le Lac Arac dans le Turqueſtan, le Lac Van & le Lac Chali dans la Perſe.

Détroits fameux en Aſie.

Détroit de Babel-Mandel, Détroit Dormus, Détroit de Manaco entre la Preſqu'Iſle occidentale de l'Inde & l'Iſle de Ceilan; Malaca qui ſépare l'Iſle de

Sumatra de la Presqu'Isle orientale de l'Inde, la Sonde entre les Isles de Sumatra & de Java; Zinger, entre le Japon & la Tartarie orientale, Canal de Picko entre la Tartarie orientale & l'Isle nommée Terre des Etats. Uriez, entre l'Isle précédente & la terre de Jedso; Vaigacz, entre la Russie & la nouvelle Zemble.

Caps en Asie.

Cap Comorin à la pointe de la Presqu'Isle occidentale de l'Inde, les Caps Matraca & Fartaque sur les côtes de l'Arabie, Cap Nimpo sur les côtes orientales de la Chine.

Montagnes fameuses en Asie.

Le mont Taurus dans la Turquie Asiatique. Le Mont Caucase qui s'étend depuis la Mer noire jusqu'à la Mer Caspienne, le Mont Sinaï dans l'Arabie pétrée, le Mont Ararat dans l'Arménie, Montagnes de Gate qui passent vers le milieu de la Presqu'Isle occidentale de l'Inde.

Montagnes de la Chine qui sont dans la partie la plus septentrionale.

On trouve encore au nord de l'Europe & de l'Asie de l'autre côté du Cercle Polaire Arctique, & du Détroit de Vaigacz, un vaste pays nommé la nouvelle Zemble: ce pays dépend de la Russie; il est dans la plus grande partie couvert de neiges & de glaces, ce qui le rend très-peu habitable.

Les Fleuves les plus considérables de l'Asie sont: l'Oby, dans la Tartarie Russienne; la Jeniska, la Lena aussi dans la Tartarie Russienne; l'Amur ou Saghalien au sud-est du même pays; dans la Turquie d'Asie, l'Euphrate & le Tigre, le Hoang, ou la Riviere jaune; le Kiang, ou la Riviere bleue. Ces deux Fleuves arrosent la Chine : le Gange dans l'Inde ; il la partage en Inde occidentale & en Inde orientale : l'Inde donne son nom à la contrée de l'Inde.

Mers d'Asie.

On trouve en Asie un grand Lac à qui l'on donne le nom de Mer Caspienne ; on lui a donné le nom de Mer pour son extraordinaire étendue : en effet il a huit cens lieues de circonférence.

Les Mers qui baignent les côtes de l'Asie sont la grande Mer, à l'orient de la Chine ; la Mer des Indes, au midi.

Sa longitude est entre le quarante-cinquieme degré, & le deux cens sixieme : sa latitude septentrionale, depuis le premier degré, jusque par delà le soixante-quinzieme : la méridionale, depuis l'Equateur jusqu'au dixieme degré.

Elle est bornée au nord par la Mer Glaciale ; au midi, par la Mer des Indes ; à l'orient, par l'Océan oriental, qui fait partie de la Mer du sud, & par un Détroit qui la sépare de l'Amérique ; à l'occident, par l'Europe & l'Afrique.

L'AFRIQUE.

L'Afrique peut se diviser en trois parties générales : premiérement, la partie septentrionale qui contient l'Egypte, à l'orient ; la Barbarie, à l'occident, & le Saara ou Désert, à son midi : secondement, la partie du milieu qui renferme, d'occident en orient, la Guinée, la Nigritie, la Nubie, & l'Abissinie : troisiémement, la partie méridionale qui comprend, à l'occident, le Congo ; au milieu, la Cafrerie pure, qui s'étend jusqu'au Cap de Bonne-Espérance ; & à l'orient, la Cafrerie mélangée qui renferme les côtes de Zanguebar & d'Ajan.

Les

Les principales Rivieres de l'Afrique sont, le Nil qui coule du midi au nord, & se jete dans la Mer Méditerranée, après avoir traversé l'Egypte : on croit avoir découvert sa source dans le Gojam, Province d'Abyssinie.

Le Niger prend sa source vers le milieu de la Nigritie, coule vers l'orient, dans le Royaume de Tombut, & va se rendre dans un ou deux Lacs aux environs de Bournou.

Le Senegal sortant du Lac Mabéria, coule à l'occident, & va tomber dans l'Océan, après un cours de plus de quatre cens lieues.

Le Zaïre arrose le Congo septentrional, & se décharge dans la Mer à l'occident : sa source n'est pas connue.

Le Coanza coule au travers du Congo méridional : l'on ignore également son origine.

Le Zambese ou Cuama arrose les Etats du Monomotapa, & se jete à l'orient dans le Golphe de Sofala : sa source est inconnue.

Les trois principaux Caps de l'Afrique sont à l'occident, le Cap verd ; au midi, le Cap de Bonne-Espérance ; à l'orient, le Cap Guardafui.

Les Mers qui environnent l'Afrique sont, à l'orient, l'Océan oriental, ou Mer des Indes ; à l'occident, l'Océan Atlantique, ou Mer du nord ; au nord, la Mer Méditerranée.

Les Isles de l'Afrique.

Les plus considérables sont situées les unes dans la Mer des Indes, vis-à-vis la Côte orientale d'Afrique ; les autres dans l'Océan Atlantique, vis-à-vis de la côte occidentale.

Les Isles vis-à-vis de la côte orientale d'Afrique, sont du nord au midi, celles de Socotora, de Comore, de France ou de Maurice, de Bourbon & de Madagascar.

Les Isles vis-à-vis la côte occidentale d'Afrique sont du nord au sud, les Isles Madere & le Port-Saint, les Isles Canaries, les Isles du Cap-verd ; à l'ouest de la Guinée, celle de Saint Thomas, & les Isles voisines, l'Isle Sainte Helene, &c.

Les Golphes d'Afrique.

La Mer Rouge, les Golphes de Cidra & de Gabes dans la Méditerranée ; le Golphe de Sofala en l'Océan oriental.

Lacs en Afrique.

Lac Maravi dans le Royaume de Massy, Lac Bournou, au Royaume de Bournou ; Lac Niger, au Royaume de Casena, Lac Triton dans le Beladalgerid, Lac Maberia, au Royaume de Guimbala ; Mer de Mousse, au Royaume de Huergela ; & le Lac de Cayar, dans le Senegal.

Détroits en Afrique.

Détroit ou Canal de Mozembique entre l'Afrique & l'Isle de Madagascar ; détroit de Babel-Mandel, entre l'Afrique & l'Asie ; Détroit de Gibraltar, entre l'Afrique & l'Europe.

Montagnes en Afrique.

Le Mont Atlas qui sépare la Barbarie du Beladalgerid, Mont Amedede au Royaume de Guber, Mont Tissato qui sépare le Beladalgerid du Royaume de Tripoli, Monts Riana au Royaume de Tripoli, Monts Amtales, entre le Désert Douguela & celui de Berdoa ; & le Mont Lupata ou Epine du monde, dans l'empire des Borores.

L'Afrique est une grande Presqu'Isle qui n'est jointe

au continent de l'Asie que par l'Isthme de Suez : elle est séparée de l'Europe par le Détroit de Gibraltar, & s'étend depuis le premier degré de longitude, jusqu'au soixante-dixieme : comme elle est coupée par l'Equateur en parties presque égales, sa latitude méridionale est depuis le premier degré, jusqu'au trente-cinquieme, & sa latitude septentrionale, depuis le premier degré, jusqu'au trente-septieme.

L'AMÉRIQUE.

L'Amérique se divise en deux parties, l'une septentrionale, & l'autre méridionale, qui sont jointes par l'Isthme de Panama.

L'Amérique septentrionale se divise en sept principales parties : savoir, au nord le Canada, dont Quebec est la Capitale ; la Louisiane, dont la nouvelle Orleans est la Capitale ; la nouvelle Angleterre au sud-est & au nord du Canada, la Capitale est Boston ; la Floride qui s'étend depuis la Caroline jusque vers le Fleuve Mississipi, & forme une Presqu'Isle ; le vieux Mexique ou la nouvelle Espagne ; à l'ouest & au sud le nouveau Mexique, au nord de la nouvelle Espagne, & les Isles qui se divisent en quatre corps ; savoir, les Açores vers l'Europe, Terre-neuve, Anticosti, Saint Jean, de Sable & les Bermudes à l'est du Canada ; les Lucayes au sud-est de la Floride, les grandes & petites Antilles, dont les premieres sont vers l'entrée du Golphe du Mexique, qui sont, Cuba, Saint Domingue, Porto-Rico & la Jamaïque, & les secondes à leur sud.

Presqu'Isles de l'Amérique septentrionale.

L'Acadie, dans la nouvelle France ; Tegeste, dans la Floride ; Yucatan, dans la nouvelle Espagne ; & la Californie, à l'occident du nouveau Mexique.

Isthmes de l'Amérique septentrionale.

L'Isthme de Panama qui joint l'Amérique septentrionale à l'Amérique méridionale ; l'Isthme d'Acadie qui joint l'Acadie à la nouvelle France.

Caps de l'Amérique septentrionale.

Cap Mendocin vis-à-vis de la nouvelle Albion, Cap Saint Lucar, au midi de la Californie ; Cap Coriante, vis-à-vis de la nouvelle Galice ; Cap blanc, vis-à-vis de l'Istme de Panama ; Cap Saint Antoine, à la pointe de l'Isle de Cuba, dans le Golphe du Mexique ; Cap de Floride, à la pointe de cette Presqu'Isle ; Cap de la Boue, dans le Golphe de Mexique ; Cap Charles, vis-à-vis de Sainte Marie dans la nouvelle Jersey ; Cap Cod, vis-à-vis de la nouvelle Angleterre ; Cap Saint Augustin, vis-à-vis de la Californie ; & le Cap negre, à la pointe de l'Acadie.

Détroits de l'Amérique septentrionale.

Détroit de Davis, Détroit du nord, Entrée de Fuca, Détroit d'Aguilar, Détroit d'Hudson, & Détroit de Belle-Isle.

Lacs de l'Amérique septentrionale.

Les principaux Lacs sont le Lac supérieur, le Lac Huron, le Lac Erie ou Érié, le Lac Ontario, le Lac des Bois, le Lac des Mistassins ou Missiassins, le Lac Michigan, le Lac des Christinaux, le Lac Nepigon, le Lac Abitibis, le Lac Témiscaming, le Lac Saint Pierre, le Lac Saint Jean, le Lac Ouichtagane, & & le Lac des Iroquois.

Les Golphes sont, le Golphe de Mexique, la Mer Vermeille qui sépare la Californie de la nouvelle Navarre, & le Golphe d'Honduras.

Les principales Rivieres de l'Amérique septentrionale.

Au nord, le Fleuve Saint Laurent, la Riviere des Iroquois, la Riviere de Saint François, dans la nouvelle Angleterre, la Delaware, la Susquoama, la Riviere de Potowmac, la Riviere de Jame, la Riviere Rouanok, la Riviere de Pedi, la Riviere de Congari, la Riviere Apalachicota en la Georgie; dans la Louisiane, le Mississipi, l'Ohio, la Missouris, la Moingana, la Riviere rouge, la Riviere des Akansas, la Riviere blanche & l'Osages.

Des nouvelles Découvertes à l'ouest & au nord-ouest du Canada, & des Pays aux environs de la Baye de Baffin.

A l'ouest du Canada & des sources du Mississipi, paroît un grand Golphe que l'on appelle la Mer de l'ouest : son entrée dans la grande Mer du sud, est celle qui fut découverte par Martin d'Aquilar, Espagnol, qui est marquée dans les Cartes de l'Amérique, au dessus du Cap blanc ou de Saint Sebastien, & du Cap Mandocin.

Au nord-ouest de l'entrée de Martin d'Aquilar & de la Californie, sont les côtes que les Russiens ont reconnues en 1741.

Les mêmes Russiens avoient fait en 1731 une autre découverte plus au nord-ouest de l'Amérique, & vis-à-vis la pointe la plus avancée de la Sibérie ou du nord-est de l'Asie.

Les découvertes de l'Amiral de Fonte, Espagnol, ont beaucoup de conformité avec celles des Russes.

A l'est de ces découvertes, & autour des Bayes de Hudson & de Baffin, se trouvent plusieurs pays : ce sont les Anglais qui en ont découvert les côtes.

Au nord-eſt de la Baye de Faffin eſt l'Iſle de James qui eſt habitée par des Sauvages ; & une partie de ſa côte, le long du Détroit de Davis, eſt toute gelée.

A l'orient de ce pays eſt le Groeland, au nord duquel, à ſoixante-quinze degrés de latitude, ſe trouve un pays qu'Egéde, Danois, aſſure être habité.

L'Amérique Méridionale.

L'Amérique méridionale eſt ſéparée de la ſeptentrionale par l'Iſthme de Panama qui n'a qu'environ vingt lieues de large : on la diviſe en huit principales parties ; la terre ferme, au nord ; le Pérou & le Chili, à l'occident ; le pays des Amazones, dans le milieu ; le Bréſil & la Guiane, à l'orient ; le Paraguay, ou la Province de Rio de la Plata ; & la terre Magellanique au midi.

La terre ferme eſt ſéparée de la Guiane par la Riviere d'Orénoque : elle ſe diviſe en neuf Provinces ou petits Gouvernemens : ſept au nord d'occident en orient, & deux au midi. Les Provinces du nord ſont les Gouvernemens de Veragua, de Panama ou de terre ferme particuliere, de Carthagene, de Sainte Marthe, de Rio de la Hacha, de Vénézuéla, de la nouvelle Andalouſie. Les deux méridionales ſont le nouveau Royaume de Grenade & le Popayan.

Le Pérou comprend trois Gouvernemens ou Audiences Royales, du ſeptentrion au midi, de los-de-Reyes, de Quito, & de los-de-Charoas.

Le Chili ſe diviſe en trois Provinces : celle du Chili propre, d'Impérial & de Chicuito ou Cuyo.

La côte du Bréſil, poſſédée par les Portuguais, a environ cent lieues de large, & diviſée en quinze Gouvernemens : il y en a trois ſur la côte ſeptentrionale : celle de Para, de Maragnan & de Siara : douze ſur la côte orientale du nord au sud : savoir, de Rio-grande, de Paraïba, de Tamaraca, de Fernanbour, de Seregippe, de la baye de tous les Saints, ou de San-Salvador, de Rios dos Ilheos, de Porto Seguro, de Spiritu-Santo de Rio-Janeiro, de Saint-Vincent, & de la Province del Rey ou du Roi.

Il y a dans ce pays trois Rivieres principales qui coulent d'occident en orient, & se jetent dans la mer : ce sont, du nord au sud, la Riviere de Saint François, dont l'embouchure est au nord de Sérégippe ; celle qu'on nomme Réale, qui se jete dans la mer entre Sérégippe & San-Salvador ; la troisieme est celle de Doce, dont l'embouchure est au nord de Spiritu-Santo.

La Guiane est une vaste contrée de l'Amérique, située entre la Riviere des Amazones & celle de l'Orénoque, qui sont les deux plus grands Fleuves de l'Amérique méridionale.

Ses bornes sont, du côté du nord, l'Orénoque, & du côté du midi, l'Amazone : à l'orient la mer baigne ses côtes & à l'occident. Elle est bornée par le Rio-negro, grande & belle Riviere que l'on croit joindre la Riviere des Amazones avec l'Orénoque : de sorte que la Guiane, renfermée dans ces bornes, seroit une Isle qui auroit au moins deux cens lieues du nord au sud, & plus de trois cens lieues de l'est à l'ouest, ayant pour frontieres le Brésil, le Pérou & le nouveau Royaume de Grenade.

Le Paraguay.

Le Paraguay, qu'on nomme aussi le pays de Rio de la Plata, à cause de la principale Riviere qui l'arrose, est borné à l'orient par le Brésil, au nord par le Pays des Amazones, à l'occident par le Pérou & le Chili, au midi par la terre Magellanique. Il renferme sept Provinces : savoir, au nord, le Paraguay propre ; à l'occident de la Riviere de Paraguay, le Chaco ; à l'orient de cette même Riviere, le Guyara ; trois au midi, Rio de la Plata, le long de la Riviere de la Plata ; à l'orient de cette Riviere, l'Uraquai ou Urvaig ; à l'occident, le Tucuman, le Parana, qui est le septieme ; est situé autour de la Riviere de Parana, au sud-ouest du Brésil.

Les principales Rivieres du Paraguay sont celles de Paraguay, de Parana & d'Urvaig, qui se jetent toutes trois dans celle qu'on nomme Rio de la Plata, ou Riviere d'argent, parce que l'argent du Potosi venoit autrefois par-là en Europe.

La source de cette derniere est près de la Ville de la Plata, au Pérou.

La Terre Magellanique.

On appelle ainsi la grande Région qui est la pointe méridionale de l'Amérique, du nom de Magellan qui la découvrit pour les Espagnols en 1520. Ce pays est froid & peu fertile, habité par des Sauvages, qu'on nomme Patagons, & qui sont de bien plus haute taille que les Européens : leur hauteur commune est de six pieds six pouces.

Il se trouve plusieurs Isles autour de l'Amérique méridionale : savoir, à l'orient, la Cayenne, Sainte Catherine, l'Ascension, de Martin-Vaz, de la Trinité, de Saxembourg, de Tristan de Cougne, d'Alvarez, de la Roche, d'Anican, de Beauchêne, Malouine, des Etats, Terre de feu : à l'occident, Isles de Fernandez, de Pâque, de Saint Felix, du Trépier, de Chiloé, Isles Galape ou des Tortues, Terre découvertes par Davis, en 1685 ; Terre & Isles vues par Fernand Quiros, en 1605 ; Isle Saint Pierre, Isle des Chiens ou des Tuberons, Isle sans fond, Isle des

Mouches

Mouches, Isle d'eau, Isle de la Belle-Nation, Isle dite la Solitaire, Isle Saint Paul, les Marquises de Mandoce; & plusieurs autres dont les noms sont peu intéressans.

Les Caps les plus considérables de l'Amérique méridionale sont : le Cap blanc, à l'orient, vis-à-vis de la Terre Magellanique, le Cap des Vierges, à l'orient, vers le Détroit de Magellan; le Cap Saint Martin, proche l'embouchure de Rio de la Plata, à l'orient; le Cap Saint Augustin, à l'orient, proche Fernambourg; le Cap Saint Roch, à l'orient, proche de Riogrande; le Cap de la Victoire, à l'occident & à la pointe de l'Amérique méridionale; le Cap de la Vela, dans le Golphe de Mexique; le Cap noir, à l'occident, vis-à-vis de la Terre de feu; le Cap Horn, proche la Terre de feu, &c.

Les Golphes sont : le Golphe de Panama, le Golphe de Darien, le Golphe de la Venezuela, & le Golphe de Guayaquil.

Les Détroits sont : le Détroit de Magellan, & le Détroit de le Maire, tous deux à la pointe de l'Amérique méridionale.

Les Lacs les plus considérables de l'Amérique méridionale sont au nombre de quatre : ce sont, le Lac Amuca, en la terre ferme; le Lac Casipa, vers l'embouchure de l'Orenoque; le Lac Xarayes, dans le Charcas; & le Lac Merin, dans la Province del Rey ou du Roi.

L'Amérique est baignée à l'orient, par la mer du nord, & à l'occident, par la mer du sud, ou mer pacifique : au nord elle est bornée, vers le soixante-cinquieme degré de latitude septentrionale, par un grand pays dont on ne connoît pas les limites; au midi, elle a le détroit de Magellan & la Terre de feu.

Sa longitude est entre le deux cens cinquantieme

& le trois cens quarante-cinquieme degré : sa latitude septentrionale s'étend au-dela du soixante-cinquieme degré, & sa latitude méridionale, jusqu'au cinquante-cinquieme degré environ : ainsi elle a près de cent degrés de largeur, mais d'une façon fort inégale, & plus de cent-vingt de longueur.

Les Montagnes de l'Amérique sont les Andes ou Cordilieres du Pérou & du Chili, les Cordilieres du Brésil, & la Montagne & Volcan de Pichencha, près de la Ville de Quito au Pérou, qui est élevée au dessus de la mer de deux mille trois cens toises.

Des Terres Polaires.

On appelle Terre Polaire plusieurs pays nouvellement découverts, & très-peu connus, situés la plupart vers les Pôles.

Les Terres Polaires Arctiques.

Ces Terres sont le Spitzberg, le Groenland, la nouvelle Zemble & la Terre de Jedso.

Les Terres Polaires Antarctiques.

Sous le nom de Terres Polaires Antarctiques, on ne comprend pas seulement les Terres qui sont près du Pôle Antarctique, mais encore plusieurs autres qui sont vers ce Pôle, & peu éloignées des deux Continens : les principales sont, la nouvelle Guinée, la nouvelle Hollande, la nouvelle Zelande, la Carpentarie, la Terre Australe, & la Terre de Diements.

FIN.

ERRATA.

PAge 5, ligne 4, Etha, *lisez* Ethna.
Page 13, ligne 18, Bathnie, *lisez* Bothnie.
Page 15, ligne 9, Etha, *lisez* Ethna.
Page 21, ligne 21, le Vionnois, *lisez* le Viennois.
Page 22, ligne 16, le Valois, *lisez* le Valais.
Page 24, ligne 23, Cap de Cren, *lisez* Cap de Creux.
Page 52, ligne 13, la Presqu'Isle occidentale de l'Inde, *lisez* orientale.
Page 53, ligne 10, longitude, *lisez* latitude.
Page 65, ligne 7, Cap Saint Martin, *lisez* Cap Sainte Marie.

www.ingramcontent.com/pod-product-compliance
Ingram Content Group UK Ltd.
Pitfield, Milton Keynes, MK11 3LW, UK
UKHW022051170726
13837UKWH00002B/886

9 782019 947552